リハビリ難民200万人を見捨てる日本。
「寝たきり老人」はこうしてつくられる

道路を渡れない老人たち

リハビリ専門デイサービス
リタポンテ代表　神戸利文

理学療法士　上村理絵

アスコム

東京に住んでいるのに、
買い物難民になっている老人がいる。
過疎の町の話ではありません。
東京のど真ん中、新宿での話です。

もちろん、スーパーやコンビニはたくさんあります。
お店がないということではないのです。
では、なぜ買い物難民になってしまうのか？

答えは「青信号の間に、横断歩道を渡り切れないから」でした。

青信号の多くは、１ｍを1秒で歩ける人に合わせているといいます。
これでほとんどの人は道路を渡り切ることができるはずです。
でも、実はこの速度で歩けない人が
３００万人以上いるといわれています。
また、今は歩けているけど、近いうちに
歩けなくなりそうな人は、その何倍もいるといわれています。

想像してみてください。
横断歩道を渡れず、猛スピードで車が行きかう
道の真ん中で、右往左往。
そのような状況が起きる中では、買い物には行けません。
病院に1人で行くこともできません。
好きな場所に遊びに行くことなんて……。
楽しみがどんどんと奪われ、
部屋に引きこもりがちになる。

身体を動かさなくなるので、
どんどん身体機能が衰えていき、
家族の支援が必要になり、
買い物などを誰かに代行してもらわなくてはならなくなる。
するとさらに、身体を動かさなくなり、
寝たきりになる確率がぐっと上がります。
また、外出しないことで、脳への刺激が減り、
認知症になる確率も上がってしまうのです。

自分の身体が日に日に衰えるのを感じながらも、
歩くのがつらく、ただ家に閉じこもっている方。
トイレに間に合わず、もらさないように、
おむつを何重にもはいている方。
長い寝たきりの介護に疲れて、「夫が憎くなるときがあるんです」と
涙ながらに訴えてくる方。これは特異な例ではありません。
リハビリ（機能回復訓練）専門のデイサービス（通所介護）を
長年やってきて、そのような方に、数多く出会ってきました。

年を取ると、身体は突発的なことで、衰えていきます。
衰えたことに気づかずに、適切な介護をしないまま、
道路を渡れなくなってしまった方たちがどれだけ多いことか。

あなたや家族の身体は、
本当に大丈夫でしょうか？
次のことをやってみてください。
もしくは家族にやってみてもらってください。

これができないと、足腰、体幹の筋肉が弱っており、道路を渡れない老人予備軍である可能性が非常に高いです。

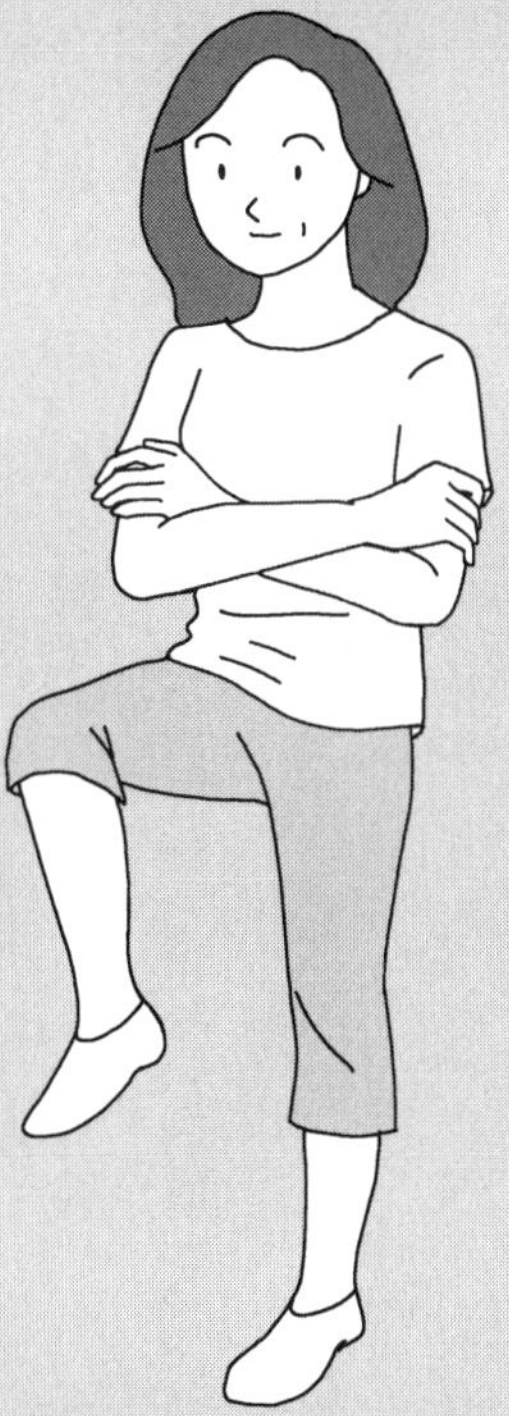

腕を組み、左右どちらか好きな脚を片方、ももが地面と水平になるまで上げたままの姿勢を、10秒キープ。転倒には気をつけて無理せず行ってください。

また、筋肉の衰えは1カ所だけで起きるものではありません。
たとえば、握力が衰えているとき、
同時に脚も衰えていることが多いのです。
ペットボトルのふたが開けにくくなっていませんか?
ペットボトルのふたを開けるには、
10〜20kgの握力が必要で、
その握力が保てていない場合は、全身の筋肉が、
かなり衰えている可能性が高いのです。

大切なのは、できていたことができにくくなっているということになるべく早く気が付き、必要であれば、
適切な介護や医療の制度を使って、
正しい介護や医療を受けることです。残念ながら、
家族や本人に負担をかけないことばかりを考え、適切なときに
歩行などのリハビリを組み入れず、
身体が弱るのを年だから仕方ないといってあきらめる。
そんな間違った介護をしてしまっているケースが
多く見受けられるのです。

他人に迷惑をできるだけかけず、
身の回りのことを自分でできて、買い物に行ったり、
友達と外出したり、好きなものを食べたり。
これまで長い間家族で歩んできた当たり前の幸せを、
本人も家族もあきらめることなく「護る」ために、
専門職が「介入」すること。それこそが介護だと私は思います。
しかし今日の介護の現場では、効率重視や無知による誤った支援で、
「高齢者が当たり前の幸せを感じ続けられる可能性」を、
潰してしまっているケースが散見されます。

介護保険施設（入居する介護施設のこと）に
入所すれば、安心でしょ？
ケアマネジャーなどの言うことに従っていれば大丈夫。
国や自治体がサポートしてくれるはず。
まだ元気だから平気、いざ必要になってから考えればいい。

そうおっしゃる方がいます。しかし、残念ながら、
そんな意識でいる方の自分や家族の
「幸せな老後」が壊れていく姿を、何度も見てきました。

いざとなってからでは、なかなか考える余裕が生まれません。
日々を過ごすのに手いっぱいになってしまう。
言われるがままにして、その時々で必要な支援を受けられず
手遅れになってしまう。
ケアが早ければ早いほど、他人に迷惑をかけず、
余計な気遣いをせず、自尊心を保ったまま、
あるがままの姿で、人生のエンディングという
総仕上げの時間を送れる期間は長くなる。

それは、長年多くの高齢者を見てきて、断言できます。
だからこそ、なるべく早めに、自身や自分の家族の最後の時期を
あきらめることなく、流されることなく、
情報を集め、どう守るかを考えてほしい。
そして、本人も家族も幸せな時を最後まですごしてほしい。
本書は、その一助になることを願ってつくりました。
皆さんの人生がより良いものになるために、少しでも
役立てば、これほどうれしいことはありません。

道路を渡れない老人たち　目次

第1章　間違った介護支援が老後の幸せを奪う

第2章

誰も助けてくれない「介護後進国日本」の現状

第3章 老後の幸せを守るために必要な介護とは

第4章 家族が、自分が倒れる前に知っておきたい介護の基礎知識

第5章 これからの介護の未来はどうなるのか

本書で書かれている内容は2021年度の介護保険法などに基づいています。法改正などにより、本書の内容と異なる場合があります。

はじめに

皆さんこんにちは。リハビリ専門のデイサービス（通所介護）を提供するリタポンテの代表を務めています神戸利文です。

もともと私は、介護業界の人間ではありませんでした。保険の代理店を立ち上げたり、商業施設企業の保険店舗のコンサルタントをしたり、保険畑を長いこと歩んできました。

この業界に入ったきっかけは、父親の介護でした。

プライドが高く堅物な父親が、70代前半で突如パーキンソン病を発症しました。時間がたつとともに、手や脚がいうことをきかなくなっていく。実家の近くには、兄弟の中で私しか住んでおらず、末っ子の私が、両親の面倒を見ることになったのです。29歳のときでした。

それから、14年間余り、徐々に弱っていく父親の介護と両親の夫婦という関係性に、一番心が折れたことが思い出されます。

亭主関白を絵に描いたような父と、それに黙って従う母。そんな元気だったころの夫婦関係が逆転しました。

一生懸命に介助しようとすればするほど、老いた母も要領が悪くなっていき、いたわっているつもりでも「なぜ起きないの？」「なぜ着替えができないの？」「なぜちゃんと食事ができないの？」というようなきつい言葉になっていく。それは、聞いている私の心にも矢のように突き刺さってきたのです。

介護による両親の夫婦関係の変化に直面して、老いた母親に任せられないと思い、いざ介入しようとするも、**介護に関して自分はあまりにも無知でした**。

いずれ父親や母親の面倒は自分が見ることになるだろうということは覚悟していましたが、いざそうなるまで介護や医療についてまったく何の知識もありませんでした。

デイサービスがどういうところかも知りませんでした。

デイサービスに行くのを嫌がる父親。

1日中、父親のそばで介護をしている母親を休ませたくて「頼むから行ってくれ」

と懇願しても聞く耳も持たない。

「なぜ嫌がるのだろう」と妻に試しに行かせてみたら、そこは折り紙をおったり、カラオケをしたりして、日がな1日過ごしているような施設だというのです。

「そりゃ行きたくないって言うわな」と妙に納得してしまいました。

公務員のプライドの高い父親が到底楽しく過ごせる場所ではなかったのです。

そのはか、申請1つするのでも、国や自治体の縦割り行政に苦しめられ、何度も無駄足を運んだり、父の介護を助けてくれるケアマネジャーとうまくいかなかったり、とにかく1日1日を過ごすことに手いっぱいといった感じでした。


結局私は、発症から14年が過ぎたころ、父親を自宅で看取りました。パーキンソン病の進行はどうしようもなく、だんだんと手足が動かなくなり、歩くのもおぼつかなくなる父親。最終的には、自分で食べることもできなくなり、管《くだ》から栄養を入れられ、私の妻やヘルパー、看護師に最初は抵抗していましたが、すべてをさらけ出され、排《はい》泄《せつ》の処理をしてもらう。

もちろん私たちも大変でしたが、プライドの高い父親は、何よりつらかったのではないか。ほかの手段はなかったのだろうか……。

医療や介護による支援をどうするのかというのが、こんなにも人間の人生の中で大事なことであること、自分や家族が納得できる人生のエンディングを迎えるためには、医療や介護で、どのような支援が受けられるのかを、きちんと知らなければならないことに気づかされたのです。

しかし、**日本では残念ながらそのような情報を受け取ることも難しい。法治国家という名のもと申請主義であるため、自ら申し込まないと何もしてくれないので、タイミングよくサービスを受けることが難しく、機会損失になることが多い**状況でした。

これは何とかしなければならない。

それが、私が介護業界に足を踏み入れた理由です。

また、経験者である自分自身が伝えられることがあるという思いがありました。

脳卒中とか転倒してとかだと、麻痺《まひ》や筋力低下で突然、介護状態になりますが、父親が発症したパーキンソン病の性質上、元気であったところから、身体が動かなくなっていくまでの介護の段階を、一段いちだん時間をおって経験できました。

だからこそ、いろいろな方に自分の経験は役に立つのではないかと考えたのです。

まず、私が取り組んだのが、介護される側ではなく、介護する家族のために役立つ福利情報検索システムの開発でした。

このシステムを開発する中で、現在の仕事のパートナーであり、本書の共著者でもある上村理絵と出会い、自身が送りたい人生を過ごすためにどうしても欠かせない身体機能の維持、向上を図るためのリハビリ専門デイサービス、リタポンテを開業しました。

当たり前のことを、当たり前にできる幸せ。

リハビリを通して、多くの方が、もうできないとあきらめていたことをできるようになる可能性を提案していきたい。

そして、リハビリに限らず、**いろいろな情報の中から、本人が満足できる人生の最後を送るための支援の選択肢を多く提供したい。**

そう思い、いろいろと活動してきましたが、私たちが活動する新宿区ですらまだまだ十分に広まっていないのが現状です。

もっと多くの方に知ってほしい。多くの方のリハビリと介護のリテラシーを上げたい。本書をしたためたのは、その願いからです。

いざというときのため、そして、すでにもう介護で苦労されている方のため、少しでも安心と納得ができる時間を過ごすために知ってほしいことを、今回まとめました。

本書では、今の日本の介護の現状にも触れています。

姥捨山《うばすてやま》のような、寝たきりを前提にしている日本の介護の現状を知ってください。人任せではいけない。自分で動かなくてはならないという覚悟が芽生えるはずです。

そして、その現状の中でどうすればいいのか。さまざまな正しいサポートを受けるための情報を集め、知識をつけてください。

きっと、情報や知識が、あなたと家族を支える強固な杖になるはずです。

リハビリ専門デイサービス　リタポンテ代表　神戸利文

第1章

間違った介護支援が老後の幸せを奪う

なぜ道路を渡れない老人が生み出されるのか？

青信号の間に道路を渡れない老人は300万人以上

皆さんは、青信号の間に、横断歩道を渡れずに、道路の真ん中でたたずむ高齢者の姿を見た経験をお持ちでしょうか？

青信号の点灯時間は、1mを1秒で歩ける人に合わせているといいます。

しかし、さまざまな統計から見ると、その速度で歩けない日本の高齢者は、300万人以上はいると推測できます。

ちなみに、リタポンテのご利用者さま397人について、歩行速度を調べたところ、約55・4％にあたる220人の歩行速度が0・8m／秒以下でした。

また、397人全体の平均の歩行速度は、0・58m／秒となりました。

リタポンテご利用者さまの歩行速度

平均は秒速
0.58m

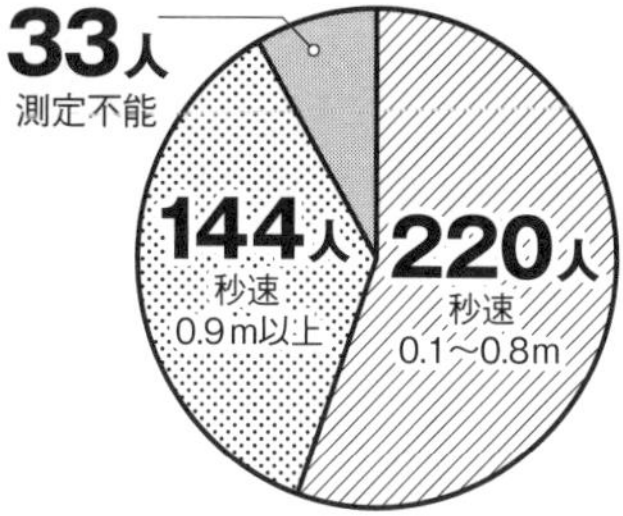

歩行速度

秒速0.8m以下	220人	55.4%
秒速0.9m以上	144人	36.3%
測定不能	33人	8.3%

つまり、**半数以上のご利用者さまが、歩行者用信号が青信号のうちに横断歩道を渡り切れない可能性が高い**のです。

渡り切れないことによって、事故が引き起こされます。

警察庁交通局の発表によると、２０２０年の横断歩道横断中の交通事故の死者数は２３０人です。

そのうち、65歳以上の高齢者は１８６人。

なんと、約8割を高齢者が占めています。

横断歩道以外での場所も含む横断中の交通事故の死亡者数６５１人のうち、65

歳以上の高齢者は537人で、こちらもその割合は82%を超えています。

「少し距離の長い踏切」が、高齢者には「死の踏切」に

また、危険なのは道路だけではありません。

高齢者が踏切内に取り残され、死亡する事故が起きています。

高齢の親と離れて暮らす人などは、そうしたニュースをテレビや新聞で目にするたびに、自分の親のことが心配になるのではないでしょうか。


2019年11月、京王線・東府中駅近くの「東府中2号踏切」で、府中市内に住む小林さん(83歳・仮名)が、列車と衝突して亡くなりました。

自転車を押して踏切を渡ろうとしていたところ、途中で転倒し、そのまま東府中駅を発車したばかりの快速列車にはねられてしまったのです。

実は、この踏切では、２００４年以降、４人もの歩行者が亡くなっています。被害者の内訳は、２００４年10月に84歳の女性、２００８年1月に72歳の男性、２０１０年9月には67歳の女性と、いずれも65歳以上の高齢者です。

この踏切は、線路と道路が約30度の角度で斜めに交差しているため、歩きにくかったり、自転車のハンドルを切ると車輪がレールの間に挟まりやすかったりする危険があります。

このような独特の形状、構造も、事故が続く一因には違いありません。

もっとも、踏切を管理する京王電鉄もただ手をこまねいているわけではなく、２００４年の事故後、遮断機《しゃだんき》を線路と平行に付け替える、踏切の長さを35mから23mに短縮する、警報時間を8秒から14秒に延ばすなどの対策をとっています。

それでも**事故はやまず、特に高齢者ばかりが犠牲になっている**のです。

いうまでもなく、被害に遭った人たちは、警報機が鳴る前に、踏切を渡り始めています。

ところが、踏切の長さを10m以上短くし、さらに警報時間を長くしても、列車が踏切に差しかかるまでに渡り切れず、再び高齢者が事故に巻き込まれてしまいました。

多くの人にとっては「少し距離の長い踏切」も、歩行弱者になりがちな高齢者にとっては向こう側に渡るのもまさに命がけの「死の踏切」になりかねないのです。

実際、学識経験者、鉄道事業者、道路管理者、警察庁、国土交通省からなる「高齢者等による踏切事故防止対策検討会」の報告によれば、2013年度の**踏切事故死亡者のおよそ7割が歩行者で、そのうちの約4割を65歳以上の高齢者**が占めています。

事故にまで発展しなかったとしても、横断歩道や踏切を渡り切れなかった経験は、高齢者に悪影響を与えます。

一度、危険な目にあった状態で、再び外に出たくなるでしょうか?

無事に横断歩道や踏切を渡り切れないことで、外出のハードルが、とてつもなく高くなってしまうのです。

結果、買い物にも行けない、友人たちと会うこともできない。家に閉じこもってしまい、身体がどんどん弱り、寝たきりへと進んでいくのです。

もちろん、横断歩道にしても、踏切にしても、何かしらの改善をしてほしいと思いますが、それよりも考えなくてはならないのが、なぜ、**青信号や踏切を渡り切れないほど、身体機能が低下してしまったのかということです**。

彼らの多くは、のんびり歩いていたために渡り切れなかったのではありません。渡り切ろうと一生懸命歩いても、身体機能が追いつかず、渡り切れなかった方がほとんどです。

ここで現れるのが介護による支援の問題です。**青信号の間に道路を渡り切れないことは、すでに、介護による支援が必要な状態であることの目安**です。

介護によって支援し、なるべく、そのような身体の状態にならないようにする必要があります。

それなのに「道路を渡れない老人たち」が300万人以上もいるわけです。

この事実は、今の日本の介護による支援の問題を、如実に表しているような気がしてなりません。

私は、大きく分けて、2つの問題があるのではないかと考えます。

1つは、**身体能力が弱っていても支援を受けていない**ということ。

もう1つは、医師や介護の専門職による情報提供不足や介護に関する社会的インフラが整っていないなどの理由から、介護による支援を受けていても、**支援のやり方などが間違っていて、結局、身体機能の改善が見られず、外出もできないまま、徐々に歩けなくなっていく**ということです。

これらが「道路を渡れない老人たち」を生み出す大きな要因なのです。

介護の持つ負のイメージを払拭した先に幸せは訪れる

人生に必ず訪れる出来事と向き合う

なぜ、身体能力が弱っていても、支援を受けないのでしょうか。

それには、介護の持つイメージが影響しているのではないかと考えています。

皆さんは、介護という言葉を聞いてどのようなイメージを持たれるでしょうか。

私もいろいろと周りの方々に聞いてみると、お風呂に1人で入れなくなった人の介助をする、排泄の処理をする、食事の世話をするなど、どこか大変そうで暗いイメージばかりが先行しています。

さらにいえば、介護についてはあまりメディアも取り上げないですし、取り上げるとしても、介護離職で親の年金で暮らす人や介護離婚をして困っている人、老老介護で疲れ切った人、といった極端な場面ばかりです。

もちろん、そのような状況があることを伝えて、危機感をあおることはとても大切なのですが、マイナスなイメージを抱くような内容があまりにも多いように感じます。介護にプラスのイメージを少しでも抱けるようなメッセージを伝えている番組は、ほとんど見たことがありません。

介護による支援はお風呂の介助、排泄の処理といったようなものだけではありません。

もっと前の段階から、**日常生活に支障をきたしはじめたあたりから、受けられるもの**なのです。

それなのに、介護支援に関して、マイナスなどこか暗いイメージしかないため、できれば考えたくないこと、どこか忌むべきものというイメージを抱く方が、特に男性に多いのです。

これだと、介護に対して、苦手意識を抱き、考えたくないと思ってしまうのも無理もありません。

親に介護の話をすると、「そんなに俺は衰えていない」とか「そんな縁起の悪い話をするな」などと言われたという話をよく聞きます。

また、「両親はまだ若いし介護なんて考えなくていい」と家族が考えて、ほうっておいたり、家族に迷惑がかかるから言わないでおこうと考え、生活に不自由さを感じても、なんとかなるからと、本人が何も言わなかったりします。

そうなると、**介護による支援が遅れて、結果的に家族も本人も苦労してしまう**。

せっかく介護保険制度という制度ができ、十分ではないですが、国や地方自治体で支援する体制があるのにもかかわらず、支援を受けないのは、なんとももったいないことです。

ぜひ、**介護のマイナスなイメージを払拭して、前向きに考え、情報を得て、介護による支援をどんどん利用していってほしい**のです。

自分や愛する家族の人生をどう締めくくるのか？

人生最後は介護とともにある

そもそも、介護について考えることは、あなたの人生にとって、本来は絶対に欠かせない大切なことなのです。

あなたは、どのような介護支援を受けたいですか？

こう尋ねられて、ぱっと答えられる人は、本当に少ないと思いますし、あまり考えたくないと思った方も多いのではないでしょうか？

では質問を変えます。**人生最後、あなたは何をしたいですか？**

趣味を謳歌《おうか》したい。いろいろな人と交流を持ちたい。できれば、家族に迷惑をかけずに自立した生活を送りたい。

などなど、いろいろと頭の中に浮かぶのではないでしょうか？

最初と、その次の質問は、実は密接な関係を持ちます。

なぜなら**多くの人にとって、人生最後には、介護による支援を受ける必要が出てくる**からです。

人間は、年齢とともに、いつかは必ず衰えていきます。

健康に気を付けていても、運動をしていても、その衰えを緩やかにすることはできても、まったく同じ状態で生きていくことは、今の医学では不可能です。

突然死ということがない限り、時期の長短はあれど、介護を受ける、もしくは介護をする期間を経て、人は天寿を全《まっと》うします。

人生を1つの物語と考えたとき、**介護の時期は、エンディング**にあたります。

そして、「人生100年時代」といわれ、寿命が延びている中、エンディングの期間が長くなっているのは間違いありません。

どのような物語でも、どんなエンディングを飾るかが、作品の質を大きく左右するのではないでしょうか。それと同じで、**どのような「余生」を送るのかは、その人の人生の質を左右するとても重要なことがら**なのです。

しかし、多くの人たちは、その時期に対して備えることが頭の中になかったり、想像できていなかったりするのではないでしょうか。

２０１６年の日本人の平均寿命は、男性が80・９８歳で、女性が87・１４歳です。そして、元気に自立して過ごせる期間のことを「健康寿命」といいますが、これが２０１６年で、男性では平均72・１４歳、女性では平均74・７９歳です。

つまり、この健康寿命が過ぎたら何かしらの介護支援が必要になります。

平均的に見て、男性は８年、女性で12年になる計算です。

その期間をどう過ごすか考えたことはありますか？

「介護で家族に迷惑をかけたくない」という方は多いですが、具体的にそのためにどうすればいいか、答えをもっている方は少ないです。

そして、介護に関する情報や知識がないために、いざ介護に直面すると、自分たちで選択することができず、ただただ専門職がすすめる型にはまった支援を受け入れてしまった結果、その支援があわずに外出できなくなったり、早くから寝たきりになったりした。そんな介護に受け身にならざるを得ずに後悔している方たちに多く出会ってきました。

逆に、介護による支援がうまくいったおかげで、人生の最後に素晴らしい思い出を経験した方もいます。

中村さん（70代男性・仮名）は、高校野球の大のファンで、必ず夏の甲子園を観戦しに行っていました。

しかし、脊柱管狭窄症《せきちゅうかんきょうさくしょう》を患《わずら》ってしまい、それが原因で、甲子園にも行けなくなり、さらにどんどん身体が弱っていき、歩くのも苦労するようになっていました。

リハビリをして、できるだけ身の回りのことを自分でやりたい、何より「甲子園でもう一度、高校野球を観戦したい」ということで、私どものデイサービスにやってきてリハビリを受けるようになりました。

スタスタと歩けるようにはならないのですが、座位、立位でのバランストレーニングと身体機能の各部位の筋力強化と柔軟性の向上を可能な限り図るなどして歩行能力を上げ、最終的には甲子園にまた高校野球を観に行くことができたのです。

本人もうれしそうでしたが、何よりも本人の思いを成し遂げることができたことに対して笑顔で話すご家族の姿に、こちらも胸をあつくしたものです。

もし、脊柱管狭窄症にかかった段階で「脊柱管狭窄症なんだから、無理をさせないほうがいい」と、家にじっと閉じこもる介護を選択したら、甲子園でもう一度高校野球を観戦するという素敵な思い出を得ることなく、最悪寝たきりになっていた可能性もありました。

このように**介護の支援の仕方で、人生の最後は大きく変わってきます**。

介護に対してマイナスイメージを抱いたまま、むやみやたらに避けるのではなく、人生のエンディングなのですから、家族も含め、介護の支援について前向きに情報を得て、向き合ってほしいのです。

自分自身や家族の身体の状態を知っていますか？

チェックリストで自分や家族の身体の変化を知る

では、介護による支援を考えるとき、言い換えれば、人生のエンディングについて考えるとき、最初にやらなくてはならないことはなんでしょうか。

それは、自分もしくは家族の今の状態を認識し、受け入れることです。

これを「受容」といいます。また、老いと向きあうといってもいいでしょう。

筋肉量は、20代を100とすると、80代では、30％も減るといわれています。

しかし、徐々に落ちていくので、自分自身ではなかなか気づいていないこともよくありますし、「自分の衰えを認めたくない」「心配をかけたくない」という深層意識から、強がったり、自分で自分をごまかしたり、たとえ身体機能の衰えから、生活に不便さを感じていても、家族に訴えなかったりするケースもよく見受けられます。

さらに、自分たちの生活が忙しかったり、**自分の親の老いを受け入れられなかったりして、「知らせがないのは元気な証拠」とばかりに、親の体調から目をそらし続けた結果、取り返しのつかない状況に陥ってしまった人を何人も知っています。**

高齢者は、ちょっとした病気やケガが原因による1週間の入院で、ベッドから立ち上がれなくなります。

しばらく会わない間に、特に一人暮らしの高齢者は、認知機能が低下する危険性があります。

絶対に老いない人などいませんし、早めに老いを知ることにより、対策がしっかりと取れます。まずは自分や家族の身体をチェックしてください。

48〜49ページにチェックリストを掲載しました。

それぞれのカテゴリーにどれか1つずつチェックがつくようでしたら、支援を受ける必要がある状態の可能性が高いです。

すべてのカテゴリーでなくとも、どれか1つでもチェックがついたとしたら、要注意なので、自分や家族の状態を小まめに気にするようにしましょう。

また、このチェックですが、「介護による支援が必要かどうかを調べるものだからやってみよう」ともちかけると、両親が介護に対して偏見を持っている場合は、嫌がられる可能性もあります。

「身体の健康チェックテストがあるからみんなでやりましょう」と少しでもポジティブに聞こえるように誘ってみてはいかがでしょう。

そして、もしチェックでひっかかったとしても深刻にならず、逆に早く気がつけたことで、改善しやすくなったと受け取り、じゃあ元気で長生きするためには、どうすればいいのだろう、どのような支援を受ければいいのだろうと前向きに考えることが何より大切です。

観察ポイント		具体例	カテゴリー
□	やる気がなくなっている	以前までやっていたことをやらなくなった	認知 社会参加
□	日常の活動量が減った	人と会うことや外出をしなくなった	社会参加
□	歩く速度が極端に遅くなった。歩き方がおかしい	横断歩道が渡れなくなった、足を引きずって歩いている、つまずきやすい	身体
□		ここ1年くらいの間に転倒したことがある	身体
□	疲れやすくなった	外出しても、すぐに休みたがる	身体
□	手の力が弱くなった	ペットボトルのふたが開けれない	身体
□	急激にやせた	半年前より2～3kg体重が減っている	低栄養
□	食事の量が急激に減った	以前より食事の回数が減っている	低栄養

いまの自分の状態を知ろう！ 身体のチェックリスト

	観察ポイント	具体例	カテゴリー
□	物忘れの自覚がない	食事をしたことを忘れている。 外出した理由を忘れる （何を買いに来たのかを思い出せないことはただの物忘れ）	認知
□	判断力が低下する	気候に合った服が選べなくなった。 段取りができなくなった	認知
□	喜怒哀楽を感じることが減った	笑わなくなった	認知
□		怒りっぽくなった	認知
□	やる気がなくなっている	ぼーっとしていることが増えている	認知
□		家の中にゴミが溜まりだした	認知 社会参加
□		布団が敷きっぱなし	認知 社会参加
□		掃除をしなくなった。 片付けをしなくなった	認知 社会参加

介護後進国日本で、高齢者が幸せに生きるには

なぜ介護をする必要があるのか?

では、ここからは2つ目の問題、支援のやり方に相当な課題があるということについて、お話ししていけたらと思います。

まず、前提として知っておいてほしいのが、残念ながら、**日本は娯楽、福祉偏重型介護の介護後進国だということ**です。

あれこれと、施策をほどこし、立派な建物や機器を揃えていますが、現状、体制、人材の育成の面で十分には整っていません。

本人の社会的な自立を後回しにした、一時的な家族の負担軽減のみを重視している短絡的な介護を提案され、それに従ったためにどんどんと身体が弱っていった方。

「今度また誤嚥性《ごえんせい》肺炎になったら生命の危険だ」という医師の意見に従って、胃ろうというお腹に小さな穴を開けて胃までチューブを通し、そこから栄養を摂る方法にして、食べる楽しみを奪われた方。

もちろん、そのような処置をすれば、どうなるのかをきちんと理解したうえで、本人や家族が希望してそのような処置をしたのなら、それはそれでいいと思います。

しかし、どうなるかを知らずに、ケアマネジャーや医師が言ったとおりに実行して、事の重大さに後から気づき「これで良かったのか」と悩み、後悔しているケースも少なからず見受けられるのです。

そもそも介護は、何のためにするのでしょうか？

介護保険制度の大本となる１９９７年に成立した「介護保険法」の第一章、第一条にはこうあります。

「この法律は、加齢に伴って生ずる心身の変化に起因する疾病等により要介護状態となり、入浴、排泄、食事等の介護、機能訓練並びに看護及び療養上の管理その他の医療を要する者等について、これらの者が**尊厳を保持し、その有する能力に応じ自立した日常生活を営むことができる**よう、必要な保健医療サービス及び福祉サービスに係る給付を行うため、国民の共同連帯の理念に基づき介護保険制度を設け、その行う保険給付等に関して必要な事項を定め、もって国民の保健医療の向上及び福祉の増進を図ることを目的とする。」

これを簡潔にいえば、**高齢者の基本的人権を尊重し、その人権を「護る」ために社会が「介入」することが、介護によって行われるべき支援**であるといえるのではないでしょうか。

いうまでもなく、基本的人権は、生まれながらにして誰もが持っているべき権利であり、社会生活を送るうえで重要なものです。

それが、高齢者だからといって、守られなくていいというわけではありません。

しかし現状の介護支援では、そこが抜け落ちているケースによく出会います。

トイレにすら行けないのに、ほうっておかれる人たち

在宅で介護をする場合、介護者が困りごとや負担に感じやすいのが、排泄の支援です。

また、介護される人も、自身の尊厳にかかわると考えがちなため、できるだけ失敗しないつもりで頑張ります。

そうした事情から、時として、トイレの介助支援がなおざりにされるケースがあります。

こんなことがありました。

東京都中野区にお住まいだった中川さん（80代女性・仮名）も、以前、そうした状況に置かれていたのです。

中川さんは、廃用症候群（生活不活発病）の状態になっていました。

廃用症候群とは、何らかの理由で長期間安静を続けることにより、身体機能の大幅

な低下や精神状態に悪影響をもたらす症状のことです。

具体的な症状としては、筋萎縮《いしゅく》、拘縮《こうしゅく》（なんらかの原因で、関節が正常な範囲で動かせなくなってしまった状態）、骨萎縮などの運動器障がい、誤嚥性《ごえんせい》肺炎、心機能低下、血栓塞栓症《けっせんそくせんしょう》などの循環・呼吸器障がい、うつ状態、せん妄、見当識障がいなどの自律神経・精神障がいが見られます。

中川さんは、ご主人を亡くされた精神的ショックから何もやる気が起こらなくなり、ほとんどの時間を自宅の布団の上で過ごしていたために、廃用症候群になってしまったのです。

その中川さんが私たちのデイサービスでリハビリを受けることになり、スタッフが車で自宅までお迎えにあがりました。

中川さんのお宅に到着して、ドアを開けると、ご本人は這《は》うようにして玄関まで出てこられたのです。

拘縮のせいで足首が動かず、立って歩くことができなくなっていました。

そうした状態にもかかわらず、中川さんは一人暮らしを続けていたので、家の中は荒れ放題でした。

お世辞にも、衛生的とはいえない環境です。

何しろ自由に動けないので、必要なものもゴミも身の回りに一緒くたに置かれています。

食品、調理器具、残飯、さまざまなゴミ……。

それらに混じって、使用済みの紙おむつがありました。


廃用症候群が進み、1人でトイレに行けなくなった中川さんは、介護用の紙おむつを使用され、それを漏れないように重ねばきをして、用を足していたのです。

症状の進み具合を見る限り、おそらく数カ月~数年もの間、中川さんは紙おむつを使い続けていたのでしょう。

この時点で私たちの施設に通うことになったのですから、中川さんが必ずしも孤立無援だったわけではありません。

介護の支援を担当するケアマネジャーがいなければ、デイサービスを利用することはできないからです。

正直、中川さん宅をお伺いし、初めてお話をお聞きしたとき、基本的人権が守られている状況には到底見えませんでした。

もちろん、いろいろな要素があったのかもしれませんが、適切な支援がなされていなかったのではないかという疑念はぬぐいさることはできません。

事実、中川さんは、この後、リハビリを懸命に取り組んだ結果、歩行器を使い立つことができるようになり、紙おむつは外せませんでしたが、自分でトイレに行けるようになったのです。

これは決して特別な例ではなく、長年介護支援に携わっていると、**基本的人権を守るために支援をするという、重要な点が抜け落ちているケースによく出会います**。

もちろん、そうせざるをえないケースもあるとは思いますが、トイレに行けなくなったからおむつをする。脚がふらついて転倒が怖いから、動かさない。そういったマニュアル化した短絡的な支援を提案する専門職が多いように見受けられます。

詳しくは第2章以降で述べますが、これはそのような場合に支援をするための人材、施設の体制や支援がしっかりと揃っていないからです。

正しい情報の提供も十分ではありません。

これから徐々に改善していくのかもしれませんが、同じ日本で同じ介護保険で差異が出ることを、成熟期のこの国はどう考えているのでしょうか。

今がこのような状況だからこそ、**日本は介護後進国であるという認識を持って、自分たちの幸せな老後を守るために、必要な情報、知識を身につけて予防していき、後悔しない人生の選択をする**ようにしていただきたいのです。

また、それを伝えることが、本書の使命であると考えます。

介護で不幸にならないための3つのポイント

親の面倒は子どもが見なくてはならないという幻想

では、もっと具体的に、間違った介護支援で不幸にならないためにはどうすればいいか、話していきます。

これは今、介護をしている人にとっても、これから介護が必要な年齢にご自身や家族がなる方、両方に大切なことです。それは次の3つです。

- 支援をとことん利用する。
- 情報を集め、他人に任せず、本人もしくは、家族が考えて選択して行動する。
- 身体機能を維持させることを第一に考える。

1つひとつ説明していきます。

まず、「支援をとことん利用する」という意識を持ってください。

介護保険という保険制度を利用することで、多くの人が介護支援を受けられる制度があります。

これは、40歳になると、自動的に保険料を支払うようになるものです。

ですから、**利用するのは、当然の権利**といっていいでしょう。

また、粗大ゴミを自宅の前で回収してくれたり、交通機関の利用料金が安くなったりと、さまざまな自治体などのサービスもあります（公開されていないものも多く、非常にわかりにくいのが難点ですが……）。

ただ、これらは、自分で申請しないと活用できません。

忘れずに申請をする必要があります。

また、自分の親のことは自分がよくわかっている、自分の親のことなのだから、子どもが面倒を見なくてはならない、自分のことをよくわかっている子どもたちに面倒を見てほしいと、そのような支援を受けない人も少なからずいます。

もちろん、家族のことをよくわかっているのは、家族なのかもしれませんが、だからといって、そこに固執するのは、本人や家族にとって本当に幸せなことなのかというと、そうではないと私は考えます。

なぜなら、**特に高齢者の身体機能の維持には、専門職の意見は欠かせません**。ほとんどの人が、初めての介護になる一方で、いろいろな高齢者の身体を見てきた人の知見は、必ず役に立ちます。

また、**介護する家族の人生も、同様に大切な人生**です。

介護が負担になって追い込まれるようなことがあってはいけません。そうならないための介護保険制度です。

ぜひ、介護支援を利用することを当然のように第一の選択として、家族も本人も考えてください。

介護施設に頼ることだけが「介護」ではない

情報不足が、老後を「我慢」と「あきらめ」の人生にする

介護支援を利用してくださいといいましたが、先ほども述べたように、介護の専門職が本当に必要な支援を提供できているのかといえば、制度や体制の問題などもあり、できていない場合もあるというのが現状です。

だからこそ他人に任せず、自分たちで知識や情報を集めて、自分たちで選択することが必要です。

「介護が必要になれば、介護保険施設に入ればいい。そこで余生を過ごす」という意見をよく聞きますが、本当にそれで大丈夫なのでしょうか。

そこで、あなたの身体機能を維持するための十分な支援がなされるのでしょうか。

自分や家族がどういう介護施設を利用することになるのか。そして、そこに行くことで、本当にあなたや家族が迎えたかった人生のエンディングが迎えられるのかを、考えてください。

介護施設を利用しようと思っても、本人が気に入らずに、行きたがらないということもよく起こります。

歌を歌ったり、みんなで折り紙をしたり。そういったレクリエーションを中心に行っているような、**託児所ならぬ託老所と化している施設**だと、特に男性は「そんなことはしたくない」と嫌がる方が多いようです。

家族としては行ってほしいけど、本人としては行きたくない。そうなってしまうと、もうどうしていいかわからず、余計に右往左往してしまい、家族自身も外に出られなくなります。

そうなると、引きこもり状態になり、介護していた配偶者（家族）も身体機能が落ちます。

買い物に行ったら息切れがする、階段を上るのがきつくなってきた、ちょっとした距離の場所にすら休み休みでないと行けなくなる……。持病の悪化にもつながります。

だからこそ事前に、いざとなったらどういう施設があって、どのような支援を受けるのか情報を集め、**そこに行くことによってどのような未来が待っているのか**を俯瞰《ふかん》して見られるように考え、本人も家族も納得しておくことはとても重要になります。


終末期における医療についてもそうです。

人工呼吸器をつけるということはどういうことなのか、前述した胃ろうをつけるとはどういうことなのかをしっかり理解してから、どうするのかを選んでほしいのです。


確かに人工呼吸器や胃ろうをつけることで、延命ができます。

しかし、人工呼吸器をつけることで、寝たきりになってしまいますし、胃ろうをつけることで、食事の喜びというものはなくなってしまいます。

そして、高齢の場合、基本的には、一度つけたら外すことが難しくなります。

それを理解したうえで、高齢になったときに人工呼吸器や胃ろうをつけて、ただ生かされている状態を自分が望んでいるのかどうか。それによって受ける医療も変わってくるのです。

延命を望んでいるかによって救急車を呼ぶかどうかも変わってきます。

救急車を呼ぶと、原則的に延命措置という流れになってしまいます。

そういった情報を知り、どのような死を迎えるかを、本人と家族が前もって考えたうえで救急車を呼ぶか、呼ばないかを選択すべきではないかと考えます。

前もって覚悟していないと、**突然苦しい表情を浮かべる本人を前に、望んでいない選択をしてしまう**ことがよく起こります。

だからこそ、先ほど述べた間違った介護支援で不幸にならないために重要なことの2つ目、「情報を集め、他人に任せず、本人もしくは、家族が考えて選択して行動する」ことは、非常に大切なことなのです。

身体機能の維持が、高齢者の幸せの土台になる

入院1週間で身体機能はピンチになる

間違った介護支援で不幸にならないために重要なことの3つ目、「身体機能を維持させることを第一に考える」について話していきます。

前述したように、歩けなくなると、外出がなかなか難しくなります。「噛む力が低下」すると、好物も食べられなくなります。

身体機能が衰えるということは、それだけ、本人ができることが少なくなります。やりたいことができなくなっていき、さらには「痛いから」「横になるほうが楽だから」と今までやれていたことをやらなくなり、ついには寝たきりに……。

また、外に出られないということは、近所の人たちと話す、友人と会うといった社

会的活動ができなくなります。

会話量の減少は脳への刺激低下を招き、認知症のリスクを高めてしまいます。

だからこそ、介護の支援で、身体機能の維持は第一に考えてほしいのです。

そのためには、2つ重要なことがあります。

1つは**過剰介護をしない**ことです。

特に身体を動かす機会が減り、身体が衰えやすい高齢者にとって、箸やスプーンを使って食事をすること、外を歩くこと、トイレをすること、すべての日常動作は、筋力の維持に大切なものなのです。

ですから、**家族は「できない」から「手を出す」、「時間がかかる」から「やってしまう」ではなく、できるだけ本人がするという方向で考えてほしい**のです。

転倒のリスクがあるから「歩かせない」のではなく、どうしたら転倒のリスクを回避して歩くことができるのかを考える。できない＝させないという安易な考えを一度捨てて、本人ができるまで待つ、できるように工夫するという意識を持って、身の回りのことは本人にさせることを考える。本人のできることの幅を狭めないためにも、これはとても大切なことです。

また、**介護を受ける本人も、介護してくれるからといって甘えたり、面倒くさがったり、はなからできないとあきらめたりしないことです**。

自分では何もしないのではなく、できるだけ身の回りのことができるように工夫しながら取り組んでいくことが大切になります。

そして、もう1つは、リハビリ・積極的な機能訓練を行うことです。

高齢になると、数日でも身体を動かさないと、驚くほど身体が弱っていきます。

我々の中では、「入院やショートステイから戻ってきたときは気をつけろ」という暗黙の合い言葉があります。

なぜなら、その2つで身体機能がガクッと落ちるからです。

1週間以上、病院やショートステイ先で満足に身体を動かさないと、筋力を元に戻すまでには、かなりの時間と根気が必要になってきます。

通常、身体機能を戻すまでに、休んだ日数の1・5〜3倍かかるといわれています。だからこそ、病院やショートステイ先から帰ってきてからが勝負。「退院したばかりだから体調を整えてから身体を動かします」という言葉を、うちのご利用者さまからもよく聞きますが、ここで身体を動かすことを怠ると、身体機能が加速度的に衰えていってしまいます。

病院や慣れないショートステイ先から、久々に我が家に帰ってきたのだからと、のんびりさせてしまうと、取り返しのつかないことになる可能性が高いです。

その1週間＋αが原因で、身体機能が衰弱したために、在宅での介護が困難になり、介護保険施設に入所されてしまう方を何人も見てきました。

別に、病院やショートステイに行かなくても、日常から身体を動かさないと、同じように、どんどんと身体機能は衰え、取り返しがつかなくなってしまうのです。

リハビリと聞くと、病気やケガをした人がするものというイメージを抱くかもしれませんが、それは大きな間違いです。

後で詳しく説明しますが、リハビリとは、身体的、精神的、社会的に最も適した生活水準を維持するために行う身体訓練のことです。

これらは、介護保険を使って、リハビリをすることを目的としている通所介護施設デイケア（通所リハビリテーション）や我々のようなリハビリを専門としているデイサービスなどで受けられます。

しかし、**介護のプランニングをするケアマネジャーでも、リハビリの重要性を知らない方が多い**のです。

こんなことがよくあります。

弊社のことをインターネットなどで調べてもらって、ご本人や家族から「サービスを受けたいんだけど」と連絡が来ます。

しかし、介護のプランナーであるケアマネージャーが、弊社のリハビリをケアプランに組み入れてくれないと、介護保険を使った利用ができません。

ですから、「ケアマネジャーさんに言って、プランを組んでもらってください」と言ったり、必要であれば一緒に話したりします。

すると、ケアマネジャーから「余計なことを言うな。私のプランにケチをつけるな」と言われたり、更新が半年先にもかかわらず「今は忙しいから、今度の更新のときにでも……」と断られたりすることがあるのです。

そして、「あなたのところが儲けたいだけでしょ？」という捨て台詞。

もう、悲しいやら、あきれるやら……。

「あなたのところが儲けたいだけでしょ？」とおっしゃいますが、ボランティアではないのです。

介護保険の中から、サービスに適したお金を受け取らないと、適切なスタッフを雇えず、サービスを維持できないわけですから。

怒りをぐっとこらえるのですが、こちらは何もできないのです。

私たちは我慢すればいいのですが、ご本人はどうでしょう。

弱った身体が何もせずに元に戻る奇跡など起きません。残念ながら、その方はリハビリを受けることができずに、身体がどんどん衰弱していってしまうのです。

本人の事情ではなくリハビリをできないまま、身体がどんどん弱っていき、寝たきりに近づいている人が多くいるのではないでしょうか。

寝たきりになりたくないという方がいるのに、その人のために何もしなくてよいのでしょうか。

もちろんリハビリの重要性を理解してくれているケアマネジャーさんも増えていますが、重要性もわからず、**リハビリ専門職の意見を求めるわけでもなく、プランを練り直すのを先延ばしにしたり、リハビリなんて不要と断じたり、専門的な知識がないにもかかわらず「チェックリストで確認してリハビリの必要なしと出た」と言ったり、前述したような言葉を浴びせかけてきたりする方も少なくない**のが現状です。

また、これはケアマネジャーさんだけでなく、家族、そして本人にもいえることですが、身体機能が弱ってしまうと「今さら運動をしても……」と思う方がいます。

先ほど、一度身体機能が落ちると、なかなか戻らないといいましたが、だからといって取り組まなくていいというわけではありません。

時間はかかるかもしれませんが、戻る可能性はあるのです。

そういう方こそ取り組まなければほぼ間違いなく寝たきりになってしまいます。

あきらめなければ、難病でも身体機能は回復する

こんなことがありました。

川島さん（50代女性・仮名）が私たちの施設を訪れたのは、6年ほど前のことです。

川島さんは、脊髄小脳変性症《せきずいしょうのうへんせいしょう》を患っていました。

脊髄小脳変性症は、歩行時のふらつき、手の震え、ろれつが回らなくなり、最終的には歩けなくなって、寝たきりになってしまう指定難病です。

私たちが初めてお会いしたとき、川島さんは身体のバランスが取れず、座ったり、コップを普通に持ったりすることができなくなっていました。

1人で立つことができず、座っているだけでも、身体が常に大きく揺れ、姿勢を保てません。

それによる転倒のリスクの責任を負いたくなかったのでしょうか。どこの介護保険

施設でも、川島さんはリハビリをさせてもらえませんでした。

さらに、もう1つ、問題がありました。

脊髄小脳変性症によって、のどの筋肉が震えてしまうために、川島さんは言葉を話すことも不自由になっていたのです。

周囲の人々は、川島さんが言っていることが聞き取れず、理解できません。

そのせいで、川島さんに向かって、一方的に指示したり、子どもをあやすように語りかけたりすることが多かったのです。

周囲の人たちのそうした振る舞いは川島さんの心を傷つけ、デイサービスを転々とする原因にもなっていました。

私たちの施設にあるリハビリに使用しているマシンを川島さんが使えるかどうか、確信は持てませんでしたが、私たちは川島さんのリハビリを引き受けることにしました。

ご家族、そして本人には、ある1つの願いがありました。

「もし叶うなら、一緒に座って食事がしたい」

座ることができなかったので、川島さんが食事をとる場所はベッド上。一緒に食卓を囲むということが、できなくなっていたのです。

そういったこともあり、まずは、座る姿勢を維持する練習から始めました。

川島さんはマットの上に腰を下ろすものの、すぐにコテンと倒れてしまいます。体勢を立て直そうとしても、身体は転がるばかりです。

しかし、川島さんはあきらめず、それを何度も繰り返しました。

たとえ少ない短い時間でも、理にかなった動きを続けることで、身体の機能は確実に回復していきます。

川島さんも、数週間後には、ある程度までは座る姿勢を保てるようになりました。

少なくとも、施設のマシンを部分的に使えるほど、身体機能が向上したのです。

それからは、マシンを使うのと同時に、座る、立つ、歩くという基本動作を行えるようになることを目指して、リハビリを続けました。

川島さんはものにつかまりながらかろうじて座る、立つということができる状態ですから、私たちの施設の中でも、もちろん転倒のリスクはゼロではありません。

しかし、転倒することを最初から避けようとして、身体を動かさなければ、機能は衰えていくばかりです。

私たちは、川島さんがリハビリを始めることをその場にいるスタッフ全員に周知して、フォローアップに努めました。

ご主人と2人の娘さん、川島さんのご家族の存在も、リハビリを進めるうえでは大きな力となりました。

「ものにつかまりながらでも、できるだけ身体を起こしてください」という私たちのアドバイスを川島さんがご自宅で実践できたのも、ご家族の理解と協力があったからでしょう。

周囲の人々にも支えられながら、あきらめずにリハビリを続け、川島さんは、ものにつかまりながらも、1人でトイレに行くだけの身体機能をずっと維持することができたのです。

また、あるときには、「リハビリに通うようになってから、食事がとりやすくなりました」と、ご主人が喜んでくださったこともありました。

それでも、時間がたつにつれ、リハビリの効果が病気の進行に追いつかなくなるときがやってきます。

私たちの施設にいらっしゃって、ちょうど2年がたつころ、川島さんはまた歩けなくなり、まもなく亡くなられました。

「逝《い》ってしまったけど、おかげさまで寝たきりにもならず……、よかったです」

とご主人はおっしゃり、そして、こう続けました。

「もう無理かと思っていたけど、一緒に食卓を囲むこともできました。家族にとって、かけがえのない時間になりました」

そんな川島さんのご主人の言葉が、今でも耳に残っています。

寝たきりになることを望む方など、いるはずがありません。

繰り返しになりますが、その方の基本的人権を守るためにも、**どうすれば、本人や家族が望んでいることを実現できる可能性があるのかを、最後まであきらめずに考えることが、医療や介護の支援で大切なこと**ではないかと私たちは考えます。

第2章

誰も助けてくれない「介護後進国日本」の現状

待機児童の20倍いる待機老人。受け皿は本当に足りているのか

日本の介護の体制は不十分

具体的に必要な介護の支援の知識や情報をお伝えする前に、今の日本の介護の状況についてお話ししたいと思います。

仕事にしても、何にしても、現状を把握してから動くことによって、的確な対処ができると思うからです。

まずは、介護施設や介護を行う専門職の現状について語っていきます。

入所を申し込んでいるものの、在宅での生活が困難になった「要介護3」以上の高

齢者が入居できる公的な「介護保険施設」である特別養護老人ホーム（特養）に入所することができていない、いわば「待機老人」がどれぐらいの数にのぼるか、知っていますか？

5年ほど前に世間を賑わせた「待機児童」の数は、その2016年当時、日本全国で2万3553人。2019年4月の時点では、1万6772人にまで減っています。

一方、待機老人は、2019年時点で、**日本全国で約32万6000人。なんと、待機児童の19・4倍、約20倍もいる**のです。

しかし、待機児童の問題はメディアでも国会でも取り上げられるなどして、ある程度は解消に向かいつつあるのに、待機老人に関しては、あまり聞くことがありません。

特養に入ることがベストな選択というわけでは決してないですし、資産的に余裕がある方は、民間の有料老人ホームに行くという手もあるでしょう。

ただし、**介護についての国や地方自治体の体制が決して潤沢に整っているわけではないことをよく表している事実**ではないかと思います。

リハビリ難民200万人、弱った老人を切り捨てる社会に

寝たきりを防ぎ、人間らしく生きられるようにするのが、リハビリの役割

待機老人よりも、実は深刻な現状があります。それが「リハビリ難民」です。第1章で、高齢者の身体機能を維持するためにリハビリ、機能訓練が欠かせないといいましたが、そのリハビリをする施設がないのです。

たとえば我々の施設がある**新宿区は、世界でも有数の病床数を誇りますが、病院の施設以外で、リハビリができ、なおかつ、リハビリの専門職である理学療法士がきちんといる施設というのは、数えるほどしかありません。**

そして、リハビリを受けなくてはならないのに、リハビリを受けられない人は、全国で200万人以上いるという報道もあります。

そもそも、リハビリテーションは、何のために行うのでしょうか?

「骨折や脳血管障がいとか、病気になった人がやるものでしょ?」と答える人もいるでしょう。

もちろん、そういった面もあります。

しかし、それでは、リハビリテーション、いわゆる「リハビリ」の目的の一部しか言い表していません。

リハビリの本来の意味・目的は、「全人間的復権」、言い換えれば「人間らしく生きる権利の回復」です。

つまり、**身体の機能に限らず、その人の生活や心の有り様などまで回復し、それらをさらに維持していくことが、リハビリの目的**といえます。

また、リハビリは、そうして個人の幸福に寄与するだけでなく、社会課題の解決にも貢献することができます。

リハビリによって、寝たきりを減らすことができるのです。

脳梗塞《のうこうそく》、膝痛、腰痛、リウマチ、糖尿病など、何らかの理由で障がいを抱えると、多くの人は外に出ることに消極的になります。

特に高齢者では、その傾向が顕著です。

しかし、先述したように私たちの身体は、動かさないでいる状態が続くことで、筋肉が衰え、関節は硬くなり、体力も落ちて、急激に機能が低下していきます。

身体機能の衰えの行き着く先が寝たきりであることは、いうまでもありません。

寝たきりは、本人や周囲の人にはもちろん、社会全体にとっても、大きな負担となります。

脚、腰、首の痛みや持病、障がいなどを抱えた人が自立した生活を送れるようにサポートし、寝たきりを防ぐのも、リハビリの重要な役割の1つなのです。

退院後、生活期のリハビリが受けられる体制がない

脳梗塞の発症から約2週間までが急性期。続いて発症から約3～6カ月までが回復期。その後は、住んでいる場所に戻りリハビリを行う維持期になりますが、最近では生活期といいます。

退院直後は不具合のある箇所以外は普通に動かし、継続してリハビリに取り組めばその機能や体力はさらに取り戻せるはずが、家にこもって身体を動かさないでいたために、身体機能がどんどん衰弱してしまう可能性があるのです。

それほど生活期のリハビリが重要な役割を担っているにもかかわらず、**リハビリを受けられない人々、いわば「リハビリ難民」があふれている**のです。

リハビリは、大きく「急性期」「回復期」「生活期（維持期）」の3つの段階に分けられます。

最初の段階は、たとえば骨折や脳血管障がいで病院に入院したとき、治療・手術な

どの処置後すぐに始められる、「急性期のリハビリ」です。

急性期のリハビリは、病院への入院中に限り、1日3時間程度受けられます。急性期の病院の平均在院日数は16・2日ですから、単純計算では急性期のリハビリを受けられる時間は計48時間ほどということになります。

急性期の病院を退院しても、機能の回復が十分でないと専門の医師が判断した場合には、回復期リハビリテーション病棟や亜急性期病床《あきゅうせいきびょうとう》などで、さらに集中的にリハビリを行います。

これが、2番目の段階の「回復期のリハビリ」です。

回復期のリハビリは、脳血管障がいや頸髄損傷《けいずいそんしょう》が最大180日、骨盤の骨折が最大90日などと対象疾患ごとに定められた入院期間中、1日最大9単位＝3時間（1単位＝20分）まで受けられます。

回復期の平均在院日数は約60日。**単純計算では、回復期のリハビリが行われるのは最大で計180時間ほど**となります。

さて、ここからが問題です。

急性期・回復期で集中的にリハビリを受けてきたが、住んでいる場所に戻ってしまえば、多くの場合、その状態を維持し続けられないという現状があります。

そこで必要となるのが、3番目の段階の「生活期のリハビリ」です。

生活期のリハビリは、機能やADL能力（日常を送るために、普遍的に行われる基本的かつ具体的な活動）の回復と同時に、それを維持し続けることを大きな目的としています。

実生活の中での機能改善が求められるのです。

そのため、医療機関を退院し、住んでいる場所に戻った人が寝たきりや閉じこもりになるのを防ぎ、自立した生活を支えるうえで大きな役割を果たすのが、生活期のリハビリだといっても過言ではありません。

ところが、この生活期のリハビリを受けられる機会が、あまりにも少ないのです。

生活期のリハビリは、医療保険による外来リハビリのほか、介護保険による通所リハビリ、訪問リハビリなどで受けることができます。

ですが、介護保険を利用する**デイケアでは1回につき15分以上のリハビリ、デイサービスでは1回につき5分以上しか法的には求められません**。

そのため、申し訳程度にしか行わない施設も少なくありません。

また、介護保険を利用せずに、民間の施設を利用するということも考えられますが、1回60分程度の利用で1万円を超えるところが多く、継続的な利用となるとかなりのお金が必要になってきます。

1カ月に**最大90時間も受けられた回復期のリハビリに比べると、重要性ではそれに勝るとも劣らない生活期のリハビリは、申し訳程度にしか受けられない可能性が十分に考えられるというのが、今の日本の現状**です。

つまり、せっかく急性期、回復期のリハビリで回復した身体機能を維持させるのが難しいのです。

リハビリを受けなくてはならないのに受けられない「リハビリ難民」が世の中にあふれてしまい、その難民たちの身体が弱っていき、寝たきりになってしまうのです。

リハビリの重要性を知るかかりつけ医師、ケアマネジャーはまだまだ少ない

医療と介護の断絶。だから、医師はリハビリのことを知らない

200万人以上もの人がリハビリ、特に生活期のリハビリを十分に受けられる場所がない。

問題は、それだけではありません。

それ以前に、誰に、どこに頼めばリハビリを受けられるのかが、わからないのです。

たとえば、皆さんご自身やご家族が「病院は退院したけれど、機能を維持するために、もっとリハビリを受けたい」と考えたとしたら、誰に、どこに、相談しますか？

また、加齢や持病などで、身体機能が低下したときに、リハビリを受けたいと思った方はどうすればいいでしょうか？

「身体のことだから、かかりつけのお医者さんにでも聞けばいいんじゃないの？」と思う方が多いようですが、残念ながら、**リハビリをどこで受けられるかを的確にアドバイスすることができる、かかりつけ医師はなかなかいません。**

どうしてこんなことが起きてしまうのでしょうか？

まず、そもそも医師はそんなにリハビリのことを学んでいません。

大学で、ちょこっと勉強するだけです。

なかには、必要性を認識して学ばれる方もいらっしゃいますが、ごく一部で、ほとんどが自分の専門の科に関わる研究、勉強を進めるので、リハビリのことまでは勉強していないという方も少なくないのです。

さらに、医師という職業の専門性の高さがあります。

医師は、小児科、眼科など、それぞれが専門領域を持っています。

逆にいえば、自分の専門領域外のことについては、ほかの専門医、他者に委ねるという姿勢を身につけやすいのです。

そのため、「リハビリは自分の専門外だから、ほかの人に任せておけばよい」と考える医師が多く、生活期のリハビリがどこで受けられるかを彼らが知らないのも、ある意味では、無理からぬことだといえます。

また、もう1つの原因は、医療と介護との断絶です。

急性期・回復期のリハビリは、医療機関でしか受けられません。

一方、生活期のリハビリは、多くの場合、デイケアや医療ケアやリハビリを必要とする要介護状態の高齢者が、在宅復帰を目指すために入居する介護老人保健施設（老健）などで受けられます。

私たちのようにデイサービスで専門職を入れてリハビリを行っているところはあまりありません。

いずれにしろ、同じリハビリでありながら、医療保険だけで受けられるサービスと、基本は介護保険を利用するサービスとに、分かれてしまっているのです。

現行の制度では、**地域包括ケアシステムを謳《うた》い、この2つの異なるサービスが連携をとりましょうとなっていますが、実際のところ、関係者の交流や知識の共有などを行っているのはごく一部**です。

その結果、医療機関で働くリハビリの専門職の方でさえ、生活期のリハビリがどこで、どのように行われているかをほとんど何も知らないという、リハビリを受ける側にとってはなんとも理解しにくい状況が生まれています。

忙しすぎて、リハビリのことを学ぶ機会がないケアマネジャー

「生活期のリハビリのことを医師や医療機関で働くリハビリの専門職の方が知らないのなら、介護保険サービス側の関係者に聞けばよいのでは?」

そう考える人もいるでしょう。

ところが、介護保険サービス側でも、生活期のリハビリについて適切にアドバイス

ができる関係者は少ないのです。

ご自身やご家族のために介護保険サービスを利用した経験のある方ならご存じのとおり、介護保険サービスを利用するには、まずケアプラン（介護サービス等の提供についての計画）を作成しなければなりません。

このケアプランを作成するのが、介護支援専門員、一般的にはケアマネジャーと呼ばれる人々です。

ケアマネジャーは、介護を必要とする人やその家族のニーズに応じてケアプランをつくり、自治体や医療機関、介護保険事業者などの関係者と連携しながら、プランを見直したり、介護がプランどおりに進められているかをチェックしたりします。

介護保険サービス全般に通じていなければならない専門職であり、本来であれば、生活期のリハビリに関しても必要十分な知見を備えているべきでしょう。

しかし、**実際には、生活期のリハビリの内容、重要性を理解しているケアマネジャーは、わずかしかいない**のです。

ケアマネジャーは、各都道府県が管理する介護支援専門員実務研修受講試験に合格し、その職に就きます。

その過程で、介護保険サービスにおけるリハビリについても学ぶのです。

ただ、介護保険サービス全般に関して学ぶ中で、リハビリは決して大きく扱われているわけではありません。

ケアマネジャーに就職したばかりの段階では、リハビリの概要をつかめているだけだと考えてよいでしょう。

その後、ケアマネジャーとして介護の現場で働き始めたら、リハビリに関する知識を深められるのでしょうか？

自ら進んで求めない限り、それも難しいのが現状です。

ケアマネジャーは、在宅の介護保険サービスの利用者なら35人まで、介護保険施設の利用者なら100人まで担当します。

これほどの人数を担当するとなると、ご家族の要望を満たすプランを作成するなどの日々の業務をこなすのに手いっぱいです。

学び直しの機会を持つのも容易ではなく、リハビリについての理解を深めることもできません。

結果として、多くのケアマネジャーは、リハビリと機能訓練の区別もつかないまま、ケアプランを作成せざるをえないのです。

介護保険サービス全般を把握し、ケアプランを立案する立場のケアマネジャーでさえ、リハビリに不案内なのですから、介護保険サービスにかかわるほかの関係者がリハビリのことを知らないのも無理はないといえるでしょう。

そして現在、老健にいるリハビリ専門職、訪問系（訪問看護、訪問リハビリ）のリハビリ専門職と連携をとる仕組が介護保険では制度化されましたが、今度は逆に**介護の知識がないセラピスト（本書ではリハビリを行う、後ろで詳しく説明するＰＴ、ＳＴ、ＯＴの総称の意）が多く、生活期のリハビリの充足はなかなか困難**と考えられます。

リハビリ軽視の象徴?!

リハビリ専門職の地位が低い日本

リハビリ専門職は、医師の指示の下でしか活動できない

そのようなリハビリ軽視の状況を表しているのが、リハビリ専門職の地位が日本では著しく低いことです。

そもそも皆さんは、リハビリ専門の先生を知っていますか?

何らかの理由でリハビリを受けた経験のある人なら、実際にどんなことをしているか、思い浮かぶでしょう。

しかし、リハビリの先生は、実は「先生」ではありません。

より正確にいえば、医師ではないのです。

それゆえに、**リハビリの専門職は、医師や看護師に比べて、さまざまな点で活動の機会を制限されています**。

リハビリテーションの専門職は、3つの職種に分かれています。

3つの職種とは、理学療法士（PT＝Physical Therapist）、作業療法士（OT＝Occupational Therapist）、言語聴覚士（ST＝Speech-Language-Hearing Therapist）です。

PTは、病気やケガ、高齢、障がいなどにより運動機能が低下した人に対して、解剖学や運動学の理論に基づき、運動、温熱、電気などの物理的手段で、運動機能の維持・改善を図ります。

OTは、着替えやトイレに行くことなどの生活に必要な動き、家事、仕事、趣味等、生活にかかわるすべての活動を「作業」とし、それらの作業を通したリハビリによって在宅復帰・社会復帰を目指す専門職です。

STは、主に言語障がい、音声障がい、嚥下《えんげ》（飲み込み）障がいがある人について、その機能の維持・向上を図るため、検査・評価をしたうえで、助言、指導、トレーニングなどを行います。

これらの3つのリハビリテーション専門職は、法律上は診療補助と位置づけられています。

言い換えれば、**あくまでも、医師の指導の下で、サービスを提供しなければならない**ということです。

実は、ここに大きな問題があります。

なぜなら、リハビリテーション専門職が求められているのは、医療の現場ばかりではないからです。

生活期である介護の現場でも、重要な役割を担わなくてはなりません。

介護保険施設の中でも、法律で医師の常駐が義務づけられている老健では、デイケアが併設され、リハビリが行われています。

ところが自宅に住んでいる多くの高齢者が利用しているデイサービスなどの介護施設には、医師の常勤は求められていないので、基本そのような施設に医師はいません。

そのため、リハビリを提供できる環境ではないということになります。

訪問看護ステーションの開業、看護師は○、リハビリ専門職は×

それでは、医師が常駐していない、その他の介護施設に通うと、一切リハビリは受けられないのでしょうか?

実は、そんなことはありません。

デイサービスの施設のなかにも、ＰＴやＳＴが常駐し、リハビリテーション専門職によるリハビリを受けられるところがあるのです。

「あれ？　言っていることが矛盾してない？」

そんなふうに思った方もいらっしゃるかもしれません。

実際、矛盾しているのです。

医師よりもリハビリに詳しい、国家資格を持つリハビリテーション専門職が常駐していても、医師が常駐していなければ、そこで行われることはリハビリではなく、介護保険上「機能訓練」とみなされます。

日本の法律上では、そのように規定されているのです。

これを単なる言葉の問題だと簡単に片づけられないのは、そこにリハビリテーション専門職の地位の低さが垣間見えるからです。

日本におけるリハビリテーション専門職の地位の低さを示す例は、ほかにもあります。

訪問看護ステーションをご存じでしょうか？

訪問看護ステーションとは、看護師や保健師、助産師、ＰＴなどが所属し、訪問看護を行うための事業所です。

「看護」と名前がついているものの、要介護・要支援認定を受けている利用者は原則として医療保険よりも介護保険が優先して適用され、介護保険サービスを担っています。

この訪問看護ステーションは、医師と看護師しか開業することができません。

また、訪問リハビリステーションも医師しか開業できません。

なぜか、ＰＴやＳＴが訪問看護ステーション、訪問リハビリステーションを開業することは認められていないのです。

ほとんどの医師、看護師は、介護やリハビリを学んだ経験はありません。

一方、リハビリテーション専門職なら、介護の現場で働くのは初めてでも、少なくともリハビリについては学んでいます。

それにもかかわらず、医師と看護師は開業することができて、セラピストは開業することができないというのは、おかしな話です。

実際、海外では、リハビリテーション専門職だけで運営されている施設も、数多く存在します。

ところが、**日本のリハビリテーション専門職は、いつ、どんなときでも医師の下、場合によっては看護師の下に置かれている**のです。

また、こんなこともありました。

2021年4月から介護報酬改定が施行されましたが、その改正の過程で、次のようなことが議論されました。

スタッフの8割以上をリハビリ専門職種が占める「訪問看護ステーション」において、「医療ニーズの高い重度者への24時間365日対応を行う」という訪問看護ステーションに期待される本来の役割・趣旨から離れている。

「要介護度の低い利用者に、日中にリハビリを行う」ケースが多い。本来の役割に戻ってもらうために、たとえば「スタッフの6割以上が看護職員でなければならない」などの人員基準を設けるべきではないか——。

いろいろな意見があるとは思いますが、要介護度の低い利用者にリハビリを行うことが意味のないことでもいうような意見には、開いた口がふさがりません。医療費の削減が叫ばれる中、要介護度の低い人をより深刻にしないためには、リハビリが必要ではないでしょうか。

これにより、訪問介護で十分な専門職のリハビリが受けられず、8万人の利用者がリハビリ難民になるところでした。

結局、人員基準は設けられずに済みましたが、このような議論がされること自体が、今の日本のリハビリ軽視を表しているように感じてしまいます。

リハビリテーション専門職の地位を低くして、その活動に制限を設けることは、介護を必要としている人、介護保険の利用者にとって、大きな損失といえます。

介護事業者ですら、セラピストの重要性がわかっていません。

デイケアではリハビリ、デイサービスでは機能訓練を行うよう法律でも義務づけられていますが、そのデイサービスでの実態は、リハビリの専門職であるセラピストを配置することなく、身体機能評価の教育を受けていない看護師などに一任している事業者がほとんどです。

しっかりとしたリハビリを受けられる場所、機会が少ないと、ADL（日常生活動作）の自立、QOL（生活の質）の向上に努めにくくなります。

そして、自立して生活できない人をそのままにしておけば、その周囲の人々や、社会全体の負担も見過ごせないものとなるでしょう。

そうしないためにも、リハビリテーション専門職の地位の向上、そして生活期における高齢者のリハビリの重要性の認知向上が望まれるのです。

世界有数の長寿大国は、「寝たきり国家」

寝たきりが減らない日本

リハビリを軽視した結果、日本は今どういう状況になっているでしょう。

世界有数の長寿国ということを誇り、あたかも高齢者が健康に暮らしているように感じますが、現実は、世界一の「寝たきり国家」といえるのです。

介護保険が導入される前のデータですが、寝たきり率を他国と比較した105ページ上のグラフを見てください。

厚生科学研究特別研究事業による1989年に発表された「寝たきり老人の現状分析並びに諸外国との比較に関する研究」によると、日本の老人福祉施設（介護保険導入前の今でいう介護保険施設）における80歳以上の寝たきり率は、40・9％にのぼり、

スウェーデンに比べ9・7倍、デンマークに比べ9・1倍、アメリカに比べ6・3倍もの高い数値です。

「昔のことでしょ?」とお思いになるかもしれませんが、このあとに、世界各国に比べて革新的な寝たきり防止対策がなされたわけでもありません。次ページ下のグラフを見てください。介護保険施設利用者の寝たきり率が2019年9月の時点で74・66%と高水準であり、介護保険制度が2000年に導入されたにもかかわらず、以降も増加していることから見ても、**日本が世界一の寝たきり国家といえる状況であるということは、今も変わらない**のではないでしょうか。

そして、超高齢化社会を迎え、次ページ左下のグラフのように、介護認定者数は右肩上がりに増えており、ここから減ることはなかなか考えにくいとなると、寝たきりの方がどんどん増えていくことは火を見るよりも明らかです。

今後、ドラスティックな改革をしない限り、世界一の寝たきり国家という負のレッテルは、はがれそうもないのが現状なのです。

寝たきり王国としての道を歩みはじめた日本

【他国と比較した日本の高齢者の寝たきり率】

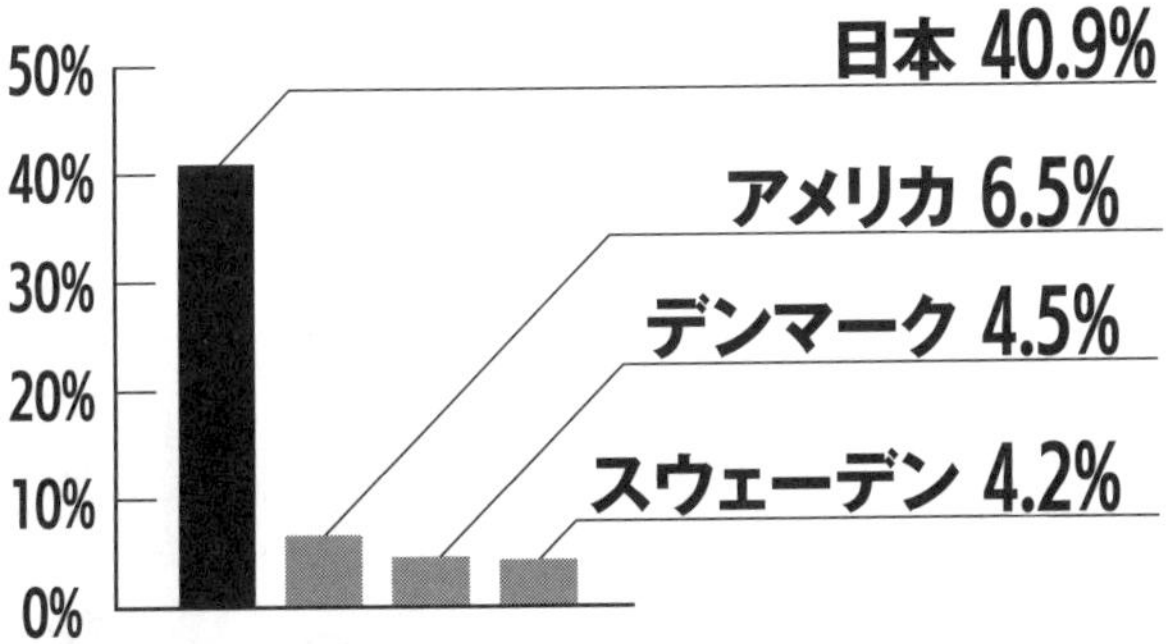

※「寝たきり老人の現状分析並びに諸外国との比較に関する研究」
（厚生科学研究特別研究事業）のデータを基に作成

【介護保険施設利用者の寝たきり率と介護認定者数の推移】

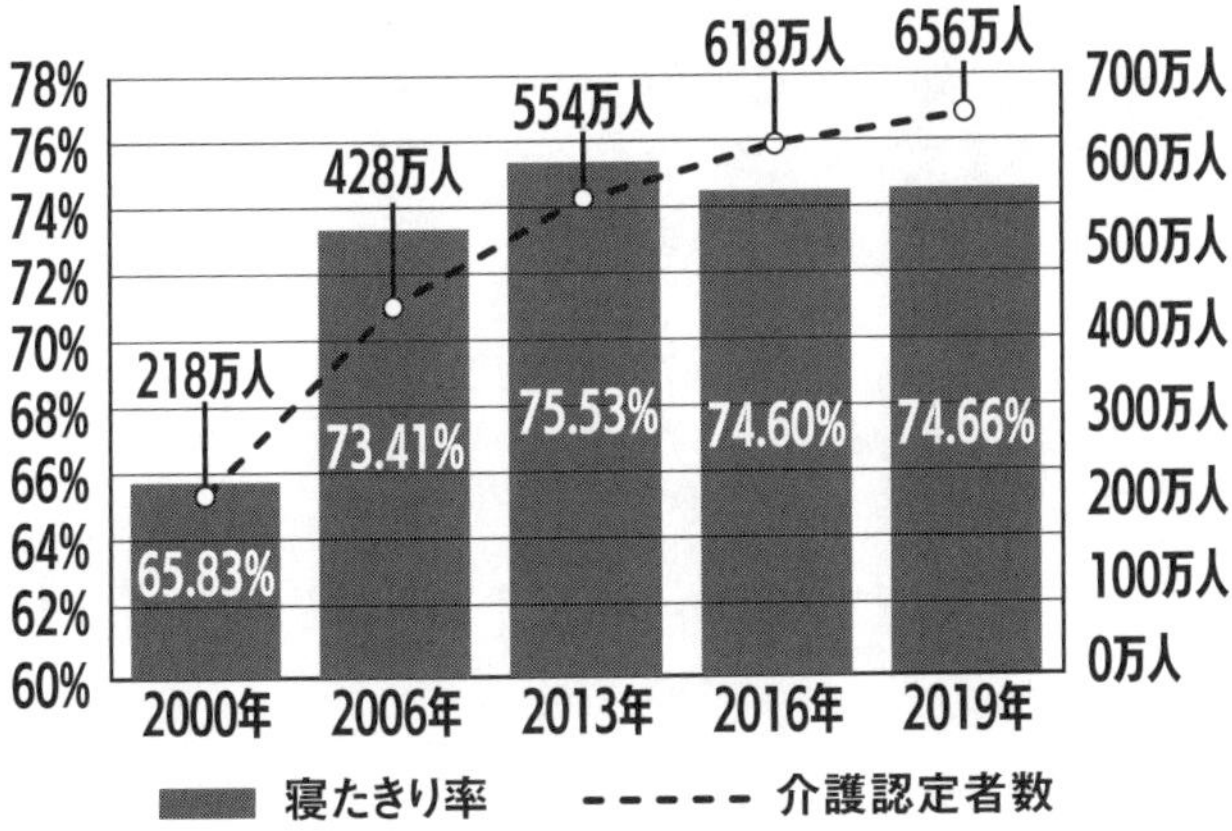

※介護保険事業状況報告（厚生労働省）のデータをもとに作成

医療と介護の埋まらない大きな溝

介護保険事業者から意見を求められて立腹する医師

介護の質を高めるためには、医療との連携が不可欠です。なぜなら、介護の現場で問題が発生し、それを解決しようとしたときに、医療の領域に踏み込まざるをえないことがしばしば起こるからです。

介護保険サービスに携わるスタッフは、医療の知識や技術を正式に学んでおらず、医療について判断を下したり、医療行為を行ったりすることはもちろん認められていません。

そこで、介護保険の利用者がかかっている医師（かかりつけ医）の判断や助言を求めることになります。

しかし、これが、なかなか一筋縄ではいかないのです。

たとえば、こんなことがありました。

リタポンテのご利用者さまの腰の痛みが悪化したので、リハビリの方向性について担当医に意見を求めるよう、PTがご利用者さま本人に頼んだのです。

すると、その担当医は、

「どこのPTかは知らないけど、そんなことを話す必要はない」

と、ご利用者さまを厳しく叱責したといいます。

もちろん、医師には医師なりの考えがあって、患者である我々のご利用者さまの治療に取り組んでいるのでしょう。

ただ、**介護保険事業者のスタッフがご利用者さまと接する機会は、医師以上に多い**のです。

ご利用者さまの異変の兆候をより早く察知できる可能性もあります。

医師が求めれば、介護保険事業者から情報を吸い上げて、患者の治療に活かすこともできるはずです。

ところが、それどころか、介護保険事業者から意見を求められるだけでも気に入らないというのですから、医療と介護の現場が手を取り合って患者・利用者のために尽くすのは容易ではありません。

患者・利用者や介護保険事業者の側からすれば、医療と介護の現場が連携するのはごく自然であり、メリットが大きいと感じられるのに、医療の側では特にその必要性を認めていない、前時代的な医師がいるということです。

地域包括ケアシステムへの医師の関与の低さも、それを示しています。

地域包括ケアシステムは、重度な要介護状態となっても住み慣れた地域で自分らしい暮らしを人生の最後まで続けることができるよう、住まい・医療・介護・予防・生活支援を一体的に提供するものです。

2005年の「介護保険法改正」で「地域包括ケアシステム」という言葉が初めて

使われ、今、厚生労働省が一生懸命推し進めています。

しかし、**ここで医療が果たす役割は重要であるにもかかわらず、その実現に向けた地域ケア会議に医師が出席することはほとんどありません。**

医師に気後れして、何でも自分で抱え込んでしまう介護スタッフ

もっとも、医療と介護の間に大きな溝があることを、医師のせいばかりにできないのも事実です。

介護に携わる人々にも、原因はあります。

日本の高齢者介護政策は、1963年の老人福祉法の制定から始まりました。

この制度は、事業者と契約して介護サービスを利用する「契約制度」ではなく、国や市町村などがサービスの必要性を判断し、提供する「措置制度」でした。

利用者にはサービスの選択権がなく、行政がサービスの利用先や内容を決定する福祉システムだったのです。

そのせいか、介護に携わる人々には、介護を福祉だととらえる感覚がいまだに根強く残っています。

具体的にいうと、**利用者の自立を促そうとするのではなく、手取り足取り面倒を見ようとしてしまう傾向がある**のです。

さらに、利用者に何か問題が発生したときに、それをすべて自分たちで抱え込んで解決しようとするのも、介護に携わる人々に多く見られる欠点といえます。

医療行為でしか解決できない問題についても、あれこれ悩み、スタッフ間で議論を続けていることが珍しくありません。

もちろん、前にお話ししたとおり、介護側からの働きかけに応えるつもりのない、多くの医師の姿勢にも問題はあるでしょう。

しかし、医師の社会的権威や専門的知識に気後れして、介護を担う者が自分たちだけの殻に閉じこもっていては、医療と介護の連携などはいつまでも夢物語にすぎず、何よりも利用者を最善の形で支えられなくなってしまいます。

寝たきりを防止するのは、病院だけでは不可能

病院を退院しても、身体の機能は回復していない

病院では、身体機能の低下、寝たきりを防ぐことはできません。

たとえば、内臓の病気にかかり、入院してベッドの上で過ごしているうちに足腰が弱ったときには、内臓の病気の治療に加えて、立ち、座りなどの運動ができるぐらいまでリハビリをしてくれます。

ただ、病院の役割は、あくまでも病気やケガを治療し、身体を回復させることです。**本来の目的である病気やケガの治療が終われば、リハビリもそこでいったん終了**となります。

以前は、外来リハビリに力を入れている病院もありました。

しかし、近年、医療費の膨張のため、リハビリを医療保険から介護保険に移行し、コスト削減を図りました。その結果どうなったかというと、生活期のリハビリの現状は前述した通りです。

もっとも、**患者の側からすれば、退院したとき、病気は治っていても、入院中に衰えた身体機能は最低限維持できているにすぎません。**

実際、退院した人たちは、

「普段の生活に支障があるから、なんとかしたい」
「動ける身体に戻すには、どうしたらいいの？」
「つらくないように動いてって、言われても……」

などと、切実に訴えてきます。

自立した日常生活を送るうえでは、退院後、さらに身体機能や体力を引き上げていく必要があるのです。

生活期のリハビリが寝たきりを防ぐ

そもそも、寝たきりは病気ではありません。

もちろん病気から寝たきりが始まることはありますが、寝たきりは病気そのものではなく、衰弱の1つの形です。

だからこそ、その解決を病院に求めても十分に対応できないのは、少なくともそのための専門分野区分がない現状では、無理からぬことだともいえます。

寝たきりを防ぐための生活期のリハビリに関して、現在、中心的な役割を担うことを期待されているのが、地域包括支援センターです。

地域包括支援センターは、高齢者の暮らしを地域でサポートするための拠点で、自治体などにより設置されています。

介護だけでなく、医療、保健等の各関係機関とも連携し、高齢者の生活課題に対応することが地域包括支援センターには望まれているのですが、地域ケア会議に出席する立場からいわせてもらえば、まだまだ十分に機能しているとはいえません。

たとえば、**生活期のリハビリ1つをとってみても、その内容や役割、重要性を地域包括支援センターに配置されている保健師や看護師、社会福祉士、ケアマネジャーなどはほとんど理解していない**のです。

そうした関係者に生活期のリハビリへの理解を深めてもらえない限り、ケアプランにもなかなか反映されず、本当に必要としている人がリハビリを受けられないという状況がこれからも続くでしょう。

防止可能な寝たきりも、防げなくなってしまうのです。

必要とする人たちに生活期のリハビリを確実に届けられるように努めていくことが、地域包括支援センターとその関係者には望まれます。

「寝かせきり」が寝たきりを生み出す

動かなくさせる過剰介護が寝たきりを生み出す

「寝たきり」の正体が「寝かせきり」であることを、読者の皆さんはご存じでしょうか?

「転倒させないように」

こんな言葉が、医療や介護の現場ではよく聞かれます。

医師でさえ、

「次、転倒したら、終わりだよ」

などと、患者さんに平気で言うことがあるのです。

そうすると、どうなるでしょうか?

言われた本人も、その周囲の人々も、とにかく転倒を避けようとして、身体を動かさなくなります。

介護をする側にとっては、要支援者・要介護者が身体を動かさないほうが、むしろラクなのです。

身体を動かせば、転倒したり、身体のどこかに痛みが出たりする可能性があります。一方、いすに座らせたきり、ベッドに寝かせきりにしておけば、そんな心配をする必要はありません。

人手がかからず、リスクも最小限で済むのです。

しかし人の身体は、起き上がって動くことで、正常に機能するようにできています。

もし、転倒する恐れがあるからといって、寝たきりでい続けると、身体の機能は急速に衰えていくのです。

1週間以上ケガや病気で寝込んだり、入院したりした経験がある人なら、思い当たるのではないでしょうか。

10～20代の若い人でさえ、あっという間に足腰が弱り、起き上がれるようになっても、しばらくはフラフラして足元がおぼつかないはずです。

ましてや、高齢者となると、元の機能、体力を取り戻すのに、さらに多くの時間が必要となります。

また、寝たきりで衰えるのは、手足や体幹の筋肉ばかりではありません。**脳の働きも低下する**のです。

ベッドで上げ膳据え膳、何も考えなくてよいのですから……。

当然、こうした生活を続ければ、認知症にもつながりやすくなります。

介護・医療する側にとって都合のよい「寝かせきり」。転倒リスクの回避と過剰介護（看護）こそが、寝たきりが減らない最大の原因なのです。

人手が足りないから、寝かせておくしかない

寝たきりになるのは、介護をする側が「寝かせきり」にするからだといいました。「介護をする側」とは、この場合、医師や看護師、ケアマネジャー、介護職員、家族などを指します。

しかし、これらの人々にその責任を負わせるのは、少々酷かもしれません。そうせざるをえない根本の原因は、医療保険と介護保険の制度にあるからです。

医療・介護の現場には、人員配置基準というものがあります。

これは、適正な医療、介護を行うために、病院や介護保険施設などの入院患者数や入所定員数に対して、医師、看護職員、介護職員などの人数を定めたものです。

たとえば、病院の一般病床では、患者16名に対して医師が1名、患者3名に対して看護師（または准看護師）1名と決められています。

さらに、療養病床では患者48名に対して医師が1名、患者4名に対して看護師（または准看護師）1名、特定機能病院では患者8名に対して医師が1名、患者2名に対して看護師（または准看護師）1名といった具合に、人員配置基準は、医療施設の種類によっても異なるのです。

また、介護保険施設に関しては、老健で、医師1名に対して入所者100名、看護職員・介護職員1名に対して入所者3名、うち看護職員の介護職員に対する割合は2／7程度となっています。

特養では、医師が非常勤を含む必要数、看護職員・介護職員1名に対して入所者3名、うち看護職員は入所者30名以下で1名以上、31〜50名で2名以上、51〜130名で3名以上です。

この数字だけを見ると、それなりの人数が手当されているように思えますが、「看護・介護職員1名に対して入所者3名」といっても、**1日24時間、3名の入所者に対して1名の看護職員・介護職員が常駐しているわけではありません。**

常勤の看護職員・介護職員の総数が、「看護職員・介護職員1名に対して入所者3名」という条件を満たしてさえいればよいのです。

そのため、特に夜間は、実質的に基準の半分以下の看護職員・介護職員しか勤務していない介護保険施設もあります。

端的にいって、人手が足りないのです。

日中であろうと、夜間であろうと、人手が足りなければ、看護職員・介護職員が入所者をベッドから起こしたり、部屋から連れ出したりする余裕はありません。

余裕がないからこそ、徹底的にリスクを避け、結果的に入所（院）者を「寝かせきり」にしておくという選択をせざるをえないのだともいえるでしょう。

寝たきりを減らすには、医療・介護の制度の見直しが不可欠なのですが、なかなか急には変わらないというのが事実です。

だからこそ、何度も言うように、退院後から、リハビリをしっかりとするという意識をそれぞれが持つことが大切なのです。

第3章

老後の幸せを守るために必要な介護とは

「できない」は「知らない」から生まれる

「できない」のを当たり前だと思ってしまうのは「知らない」から

第2章で今の介護支援の現状を述べましたが、このような状況だからといって、あきらめる必要はありませんし、制度や体制が改善されるのをただ、手をこまねいて、待っていては、自分や家族が適切な支援を受けられない可能性があります。

不安と後悔の念を抱くことなく、安心して納得できる人生を送るためには、再三述べてきたように、介護に関する情報を自ら得ることが大切なのです。

知っていることで、支援は随分と変わります。

歩くことができない。
自分でものを食べることができない。

それは、本当に「できない」ことなのでしょうか？

改善する、解決する方法を「知らない」ために、「できない」と思い込んで、あきらめているだけかもしれません。

「はじめに」にも書きましたが、私自身、「できない」は「知らない」から生まれるのだということを痛切に感じた経験があります。

父は、70代前半でパーキンソン病を発症し、以降、亡くなるまでの十数年間、介護生活を送りました。

その間、自宅で拘縮予防のため、ＰＴから週に2回訪問リハビリを受けていました。
そうしたとき、介護の事業を本格的に始めるきっかけとなるＰＴと出会いました。
後日、彼が自宅まで足を運んで、一度リハビリをしてくれるというのです。

それまでも父はＰＴからリハビリを受けていたので、劇的な変化を特に期待するでもなく、軽い気持ちで彼にお願いすることにしました。

しかし、私が目にした光景は信じられないものでした。

彼と弟子の２人のＰＴが父にリハビリを施すと、寝たきりの生活でガチガチに固まっていた父の身体が徐々に柔らかさを取り戻し、特に拘縮した左腕の動かせる範囲がどんどん広がっていくのです。

寝たきりになると、着替えやおむつの交換が大変なので浴衣になります。

ただ、拘縮がひどかったため、浴衣を着替えさせることすらもひと苦労でした。

それが彼のリハビリにより、随分と着替えがラクになり、さらにタンの切れまでもよくなったのです。

たった30～40分のリハビリでこれだけ変わるのなら、今まで続けてきたリハビリはなんだったのか。

同じリハビリでも、ＰＴの知識や技術、経験が違えば、ここまで効果に差が出るものなのだろうか。

当時の私は、リハビリの可能性などもまったく知りませんでした。

もし**知っていれば、このPTにもっと早く出会えていたならば、父が寝たきりにならずに自分で動くことができた期間がひょっとしたら3年ほども延びて、私たち家族の負担も、父の自尊心が傷つく場面も減らせた**かもしれません。

あと数年間は自分で動けたはずの父が、動くことができなくなってしまったのは、私をはじめ、周りがリハビリについてよく知らなかったからだともいえるのです。

症状が悪化するまで解決策にたどりつけない日本

リハビリに限らず、医療や介護に関しては、「知らない」が故に「できない」と思い込んでしまっていることが数多くあります。

いえ、むしろ、普通の人にとっては、そうしたことばかりではないでしょうか。

人は病気になったり、ケガをしたりして、病院に行きます。

病院に行けば、医師が病気やケガを治療してくれるでしょう。

それでは、治療が終わったら？

たとえば、脳血管障がいなどでマヒが残っていても、150〜180日が経過すると、薬は出し続けてくれますが、ほかに何をしてくれるわけでもありません。

自宅に戻り身体のバランスが崩れはじめ、歩きにくいなどの悩みを解決したり、お風呂の入り方などの生活を改善したりするにはどうしたらよいのでしょうか？


残念ながら、治療にあたった医師はそれを教えてくれません。

かかりつけの医師に相談する？

かかりつけ医は基本的に内科医のため、それ以外の診療科については不案内です。

行政同様、日本の医療の縦割りで非効率な点が、こうしたところからも見てとれます。

あるいは総合診療科を訪ねれば、解決策、改善策への道筋をつけてくれるかもしれませんが、総合診療科を設けている病院はほんのわずかです。

しかし、なんらかの解決策、改善策を示してくれる人はいます。

問題は、一般の人が、それが誰なのかが事前にわからないこと、どこにいるのかを知る機会がないことです。


結局、**ほとんどの人は、病院での治療が必要となるほど症状がさらに悪化するまで、解決策や改善策を知らないまま過ごさなければなりません。**


予防ができないのです。

苦労を背負う経験をしない限り、または奇跡的に親切な医療従事者に出会わなければ、医療リテラシーを高められないのが、現状なのです。

「できない」という思い込みにつながる「知らない」をなくすためには、自分自身の介護リテラシーを高めていくことが重要になります。

そこで、この章では、老後の幸せを守るために必要な支援を受けるために知っておかなくてはならない知識、情報についてお話ししていきます。

リハビリを受けるのに欠かせない要介護認定とは？

要介護度の高さは、病気の重さと必ずしも一致しない

身体機能を維持させるためには、専門職によるリハビリが欠かせません。

保険適用外の民間のリハビリ施設に通うということも考えられますが、費用はかなり高額になります。

詳しくは後述しますが、介護保険を使って、リハビリをするのが一般的なのではないでしょうか。

そこでまず、介護保険の申請について、話をしていきたいと思います。

65歳以上の人には、医療保険の保険証とは別に、介護保険被保険者証が市区町村より交付されます。

しかし、介護保険被保険者証を持っているだけで、自動的に介護保険サービスが受けられるわけではありません。


介護保険サービスを利用するためには、寝たきりや認知症などで常時介護を必要とする状態（要介護状態）、あるいは家事や身支度などの日常生活にサポートが必要で、特に介護予防サービスが効果的な状態（要支援状態）と認定されなければならないのです。

この要介護状態や要支援状態にあるかどうか、その中で程度はどれぐらいなのかを判定するのが、要介護認定（要支援認定を含む）です。

認定を受けるには、まず本人や家族が、本人が住んでいる市区町村の介護保険課などの窓口に申請書を提出する必要があります。

病院に入院中であっても、退院後に介護保険サービスを利用したいと考えているのなら、事前に申請することが可能です。

また、何らかの事情により、本人や家族が市区町村の役所まで足を運ぶのが困難な場合には、地域包括支援センターなどに代行申請を依頼することもできます。

その際には、依頼を受けた施設の職員が本人のもとを訪れ、手続きを進めます。

要介護認定は、介護サービスの必要度を判断するものです。

そのため、病気の重さと要介護度の高さは必ずしも一致しません。

たとえば、**寝たきりになったときには、介護の総量が減ったとみなされ、要介護度区分は軽くなることもあります。**

要介護認定には、一次判定と二次判定がある

要介護認定に必要なものは、次のとおりです。

・**要介護・要支援認定申請書**

（役所・役場の窓口にあります。

インターネットでダウンロードして、あらかじめ記入しておくことも可能です。

主治医の氏名、医療機関の情報なども記載する必要があります）

・**介護保険被保険者証**（第1号被保険者／65歳以上）

・**健康保険被保険者証**（第2号被保険者／40～64歳の場合のみ必要）

・**マイナンバーが確認できるもの**

・**申請者の身元が確認できるもの**（運転免許証、身体障害者手帳など）

・**代理権が確認できるもの**（委任状など／本人・家族以外が申請する場合）

・**印鑑**（本人・家族以外が申請する場合）

・**代理人の身元が確認できるもの**（本人・家族以外が申請する場合）

市区町村の窓口に申請書を提出後に、市区町村の職員や市区町村から委託されたケアマネジャーが本人を訪ね、日常生活、家族や住まいの環境、心身の状態などについて聞き取り（認定調査）を行います。

同時に、市区町村の依頼により、かかりつけ医が主治医意見書を作成します。かかりつけ医がいない場合は、市区町村が紹介する医師の診断を受けることになるでしょう。

訪問調査の結果とかかりつけ医の意見書の一部の項目をコンピューターに入力することで、介護にかかると想定される時間（要介護認定等基準時間）を推計して算出し、7つのレベルに分類。これが、一次判定です。

そして、一次判定やかかりつけ医の意見書、認定調査における特記事項をもとに、保健、医療、福祉の専門家たちによる介護認定審査会で審査し、二次判定を行います。

これらの認定調査の結果は、市区町村の窓口に申請書を提出した日から30日以内に郵送で通知されるのが一般的です。

通知書には「要介護状態区分」や「認定有効期間」などの情報が記載され、**その要介護状態区分に応じて、介護保険サービスが利用できる**ようになります。

要介護度の状態区分

下表に示した状態は平均的な状態です。したがって実際に認定を受けた人の状態が、この表に示した状態と一致しないことがあります。

状態区分	各状態区分の平均的な状態
要支援1	①居室の掃除や身の回りの世話の一部に何らかの介助（見守りや手助け）を必要とする。 ②立ち上がりや片足での立位保持などの複雑な動作に何らかの支えを必要とすることがある。 ③排泄や食事はほとんど自分ひとりでできる。
要支援2	①見だしなみや居室の掃除などの身の回りの世話に何らかの介助（見守りや手助け）を必要とする。 ②立ち上がりや片足での立位保持などの複雑な動作に何らかの支えを必要とする。 ③歩行や両足での立位保持などの移動の動作に何らかの支えを必要とすることがある。 ④排泄や食事はほとんど自分ひとりでできる。
要介護1	①～④は、要支援2に同じ。 ⑤問題行動や理解低下がみられることがある。
要介護2	①見だしなみや居室の掃除などの身の回りの世話の全般に何らかの介助（見守りや手助け）を必要とする。 ②立ち上がりや片足での立位保持などの複雑な動作に何らかの支えを必要とする。 ③歩行や両足での立位保持などの移動の動作に何らかの支えを必要とする。 ④排泄や食事に何らかの介助（見守りや手助け）を必要とすることがある。 ⑤問題行動や理解低下がみられることがある。

状態区分	各状態区分の平均的な状態
要介護3	①見だしなみや居室の掃除などの身の回りの世話が自分ひとりでできない。 ②立ち上がりや片足での立位保持などの複雑な動作が自分ひとりでできない。 ③歩行や両足での立位保持などの移動の動作が自分でできないことがある。 ④排泄が自分ひとりでできない。 ⑤いくつかの問題行動や全般的な理解の低下がみられることがある。
要介護4	①見だしなみや居室の掃除などの身の回りの世話がほとんどできない。 ②立ち上がりや片足での立位保持などの複雑な動作がほとんどできない。 ③歩行や両足での立位保持などの移動の動作が自分ひとりではできない。 ④排泄がほとんどできない。 ⑤多くの問題行動や全般的な理解の低下がみられることがある。
要介護5	①見だしなみや居室の掃除などの身の回りの世話がほとんどできない。 ②立ち上がりや片足での立位保持などの複雑な動作がほとんどできない。 ③歩行や両足での立位保持などの移動の動作がほとんどできない。 ④排泄や食事がほとんどできない。 ⑤多くの問題行動や全般的な理解の低下がみられることがある。

※参照：静岡市公式ホームページ

要支援、要介護だけじゃない！
事業対象者の認定を利用する

要支援認定を受けるのが必ずしもいいわけではない

介護の相談のため、市区町村や地域包括支援センターの窓口に行くと、すぐに申請手続きを進めるのではなく、基本チェックリストの記入を求められることがあります。記載は専門の職員が、本人に聞き取りをしながら行われます。

ですから、必ず本人と一緒に行ってください。

身体が弱っていて窓口まで行けないという場合は、地域包括支援センターに連絡して、家まで来てもらうことになります。

この基本チェックリストは、生活や健康状態に関する全25項目の質問からなり、65歳以上の高齢者が心身の機能で衰えているところがないかをチェックするためのものです。

ここで、注意してほしいのは、介護保険を初めて受ける人は優等生になりがちで、自分の状態をいい方向にいってしまうことです。

それによって、受けたい支援が受けられないこともあります。

とにかく本人は正直に話すことを心がけ、家族はそのように促してください。

チェックリストの結果によっては、介護保険を使わずに、「総合事業」の利用をすすめられることがあるでしょう。

総合事業とは、「介護保険の要支援認定を受けた人」に加え、前述した基本チェックリストで「事業対象者」と認定された人が利用できる「介護予防・生活支援サービス事業」と、「65歳以上のすべての人」が利用できる「一般介護予防事業」の2つの事業です。

このうち、介護予防・生活支援サービス事業では、要支援認定を受けた人も、事業対象者も、ともに訪問型サービスや通所サービスを利用することができます。

両者の違いは、要支援の認定者は福祉用具を使えて、事業対象者はそれを使えないということです。

ただ、**実際には要支援認定を受けていても福祉用具を使う人はそれほど多くないので、あえて事業対象者の認定を求める**という方法もあります。

なぜなら、要支援よりも事業対象者の認定を受けることで得られるメリットがあるからです。

メリットの1つは、要支援よりも、認定までの手順が簡単なことです。

要支援・要介護に認定されるためには、認定調査を経て、一次判定、二次判定まで受け、その結果が出るのを1カ月ほど待たなければなりません。

一方、事業対象者の認定では、基本チェックリストに記入してもらうだけ。その結果も約2週間で出ます。

もう1つのメリットは、事業対象者のほうが受けられるサービスの一部に制限が少ない点です。

一例を挙げましょう。

要支援認定を受けている人がリハビリを目的として通所サービスを利用する場合、「要支援1」なら週に1回、「要支援2」なら週に2回と、回数制限が設けられています。

しかし、身体機能の衰弱を予防するには、週2回のリハビリが効果的だと考えられるので、「要支援1」の人は不十分なサービスしか受けられません。

一方、事業対象者に関しては、通所サービスの利用は「要支援2」と同じで週2回のリハビリを受けることも可能なのです。

要介護状態区分の状態の目安なども参考にして、軽度の区分に該当しそうなら、まずは事業対象者の認定を受けることを検討してみてもよいでしょう

特に48〜49ページのチェックリストで1つでも引っかかった方は、事業対象者の認定を受けることを検討してください。

身体機能の衰えを予防するためのリハビリが、介護保険を使って受けられるなんて、こんないいことはないと思います。

郵便はがき

切手を
お貼りください

105-0003

（受取人）
東京都港区西新橋2-23-1
３東洋海事ビル
(株)アスコム

道路を渡れない老人たち

読者　係

本書をお買いあげ頂き、誠にありがとうございました。お手数ですが、今後の出版の参考のため各項目にご記入のうえ、弊社までご返送ください。

お名前	男・女	才
ご住所　〒		
Tel	E-mail	
この本の満足度は何%ですか？		%
今後、著者や新刊に関する情報、新企画へのアンケート、セミナーのご案内などを郵送またはE-mailにて送付させていただいてもよろしいでしょうか？ □はい　□いいえ		

返送いただいた方の中から**抽選で5名**の方に
図書カード5000円分をプレゼントさせていただきます。

当選の発表はプレゼント商品の発送をもって代えさせていただきます。
※ご記入いただいた個人情報はプレゼントの発送以外に利用することはありません。
※本書へのご意見・ご感想およびその要旨に関しては、本書の広告などに文面を掲載させていただく場合がございます。

●本書へのご意見・ご感想をお聞かせください。

ご協力ありがとうございました。

やりたいことができない身体になる前に必ず知っておきたいこと

「寝たきり」が間近に迫っているサインを見逃さない

「人間は身体が資本」とよくいわれますが、高齢者になると、特にその言葉は重みを増してきます。

これまでに述べてきたように、足腰が弱って買い物ができなくなったり、トイレに行けなくなったり、できることが身体能力によって限られてきます。

ですから、自分でできることをなるべく減らさないためには、第1章でも述べたように、自分の身体の状態をしっかりと確認し、できるだけ早めに自分や家族の身体の状態を知ることが大切です。

なぜむくみがとれないのか？　なぜ休み休みでないと歩けないのか？　なぜ腰や膝が痛いのか？　それらには必ず原因があります。「年のせい」で片づけないでください。

そうして、身体の状態を評価してくれるセラピストがいる事業所をケアマネジャーに聞き、身体機能の維持に努めるためのリハビリをすることです。

特に、次の2つのような「寝たきりの危機が間近に迫っているタイミング」の方は、注意が必要です。

1つは、要介護状態区分でいう「要介護3」になったときです。

「要介護3」とは、自立歩行が困難で、杖・歩行器や車いすを利用している人、日常生活動作に関して、毎日何らかの部分で全面的に介助が必要な状態の人とされています。

食事介助、トイレ介助などが必要になったら、寝たきりの時期がもうそこまで近づいていると考えてよいでしょう。

とにかくリハビリに注力して、少しでも寝たきりの時期を遅くする必要があります。

そして、もう1つは、一人暮らしになったときです。

現在は、高齢者が高齢者を介護する老老介護が増えています。

老老介護では、どちらもがデイサービスや訪問リハビリを利用しながら、支えあって介護をしているケースがよく見受けられます。


こうしたケースでは、介護をしている人が何らかの理由で入院などをすると、残されたもう1人が寝たきりになる可能性が非常に高まるので、注意が必要です。

子どもがいる人なら、その子どものもとで過ごすことになるかもしれません。

しかし、子どもが遠方に住んでいたり、介護する手が足りなかったりして一緒に住むのが難しい場合には、支える人がいなくなるわけですから、1人で生活ができないと判断され、ケアマネジャーの判断によって、おそらくショートステイを利用することになるでしょう。

ショートステイとは、特養、老健、介護療養型医療施設に短期間入所して、食事や入浴などの介護を受けられるサービスです。

ショートステイは最大で30日間までしか利用できません。

その後、まだ一人暮らしが続く場合は、子どもと一緒に暮らせるようになればよいですが、そうでなければ、別の介護保険施設を転々とするか、あるいは2018年に創設された介護医療院に入所するのか、どちらかの形をとらざるをえないでしょう。

ただし、介護医療院に入所している人の2019年の寝たきり率は約95%もあるのです。

いずれにしても、それらの**施設では、質・量ともに十分なリハビリを受けられないどころか、ほとんど身体を動かさずに過ごす**ことになります。

そこで30日も過ごせば、起き上がるのは難しくなり、それがきっかけで、介護区分が進んでいったり、寝たきりの生活が始まるというケースも多く見受けられるのです。

繰り返しになりますが、とにかく高齢者の身体機能の維持、ひいては幸せな老後を送るためには、とにかく活動量を減らさないことです。

介護を必要としている人の活動量が減る原因はさまざまですが、たとえばパートナーを亡くしたり、うつになったりするなどの精神的な落ち込みがきっかけとなることも少なくありません。

痛みがあるから動かない。

何もやる気が起こらず、身体を動かさなくなる。

身体を動かさないから、筋肉を使わない。

筋肉を使わないために、基礎代謝が低下する。

基礎代謝が低下することで、食欲が出ず、食事をとらなくなる。

食事をとらないから、栄養が十分でなく、体力が落ちる。

体力が落ちて、ますます身体を動かしにくくなる……。

こうした悪循環に陥れば、誰でも寝たきりになってしまいます。

活動量が減ると動かなくなるのは、身体だけではありません。

外出の機会が減ることによって、**人と会わず、話さなくなるので、頭の働きも鈍ってきます**。

活動量が減ることによる筋力低下、低栄養、社会交流機会の減少は、身体機能や脳を衰えさせ、認知症、寝たきりに直結する3大リスク要因ともいえるのです。

ですから、そもそも一人暮らしになったときでも、1人で活動できるような身体能力を維持しておくことは、何より大切ですし、はなから1人で生活をするのは無理だと決めつけ、**「1人になったらショートステイ」という選択肢を安易に選ばずに、身体をしっかりと動かせる生活が送れないか、自分で情報を集めたり、専門職に聞いたりするなどして、検討してほしい**のです。

整形外科の電気治療だけでは、身体機能の維持は不十分

きちんとした運動は誰にでも必要

私たちの施設を利用するときにいろいろと話を伺うのですが、そのとき「これまでリハビリを受けてきましたか？」と聞くと、「整形外科で、電気治療を受けていました」とおっしゃる方によく出会います。

電気治療がどのような効果をもたらすのかは、医師ではないので、ここでは言及しませんが、電気治療をリハビリと考えて安心し、そのほかに何もせず、身体機能が衰えている方が大勢いらっしゃいます。

電気治療だけでは、どんどんと衰えていく高齢者の筋肉などの身体機能は維持できないように感じます。

整形外科という病院に行っているから、お医者さんが何も言わないから、身体は大丈夫……とは決して思わないでほしいのです。

また、腰痛、肩痛、膝痛などで病院に通っていると、リハビリはできないと考える方が、家族も本人も、そして介護の専門職でもよくいらっしゃいます。

もちろん無理は禁物ですが、痛みがあるからといって、何もしないというのは、身体機能を衰えさせ、患部への負荷が増し、痛みが増すということも考えられます。

たとえば、変形性膝関節症の方は、立ち上がるとき、歩きはじめに痛みを感じます。みなさん、歩きはじめが痛いから、動かすのをやめようとするのですが、動かなくなると太ももの筋力がなくなり、より関節を痛めやすくなります。そこで、痛くならないような、太ももの筋肉のトレーニングが必要になるのです。

まずは、リハビリの専門職の意見を聞いて、**痛みと付き合いながら身体を動かしていくことが必要**なのです。

介護の最重要の知識は、リハビリができる施設を知ること

生活期のリハビリが受けられるのは、デイケアかデイサービス

では、どこでリハビリが受けられるのでしょうか。

リハビリは、急性期、回復期、生活期の3段階に分けられます。

急性期のリハビリは病院で、回復期のリハビリは回復期リハビリテーション病院や亜急性期病床などで行われるのが一般的です。

それでは、急性期、回復期の病院でのリハビリを終えて自宅に戻った後、生活期のリハビリが必要なときには、どこへ行けばよいのでしょうか？

まず、将来的にも在宅で暮らすことが難しい、あるいは在宅で暮らすことを望まない人の行き先としては、**特養やグループホームなどが考えられます。**

ただし、これらの施設では、質・量が充実したリハビリは行われておらず、介護保険サービスの一環として定められたわずかな機能訓練が受けられるだけです。

つまり、在宅を目指さないケースでは、生活期のリハビリはほとんど受けることができません。

ちなみに、厚生労働省のデータから計算したところ、特養の入居者の寝たきり比率は、76・58％（2019年9月）と高水準でした。

在宅で暮らすことを希望する場合には、リハビリで身体の機能をさらに回復させたり、自宅を介護に適した形にリフォームしたりするため、帰宅できるまでに時間が必要になることがあります。

そうしたときに、自宅に戻るまで過ごせる中間施設としての役割を果たす行き先が、老健です。

リハビリの質・量を重視するのなら、それを担うことが役割の1つとして期待されている老健に入所するというのが一般的です。

もっとも、そのままずっとい続けられるわけではありません。期間は、3カ月間に限られています。

もう少し長く入所は続けられる可能性はありますが、リハビリに関しては基本的に3カ月間で打ち切られてしまうので、注意が必要です。

では、老健に入れれば安心かというと、そうでもないようです。

2019年9月の段階で老健の入居者の寝たきり率は、68・75%もある

のです。

病院と自宅をつなぐ中間のリハビリ施設なのに、入居者の寝たきり率が高いというのは、どういうことなのか……。

その実態を詳しく調査をしたわけではないので、はっきりしたことはわかりませんが、ただいられるというのではなく、その施設で行われる支援の内容をきちんと確認することは、どうやら必要になりそうです。

それならば、入院している間にしっかりリフォームをしておいて、老健や療養型病

院を使わないという選択肢も考えられるのではないでしょうか。

さて、いずれにしろ、自宅に帰ってからのリハビリ、いわゆる生活期のリハビリを受けるにはどうすればいいでしょうか。

前にも述べましたが、デイサービスとデイケアです。

ただし、施設選びが大変重要です。

なぜなら、「リハビリ、機能訓練をやりますよ」と謳っていても10分から15分ぐらいしかやらないというところも、少なくないと聞きます。

それだと足りません。やっていることも、ストレッチの延長線上という場合もあるそうです。

身体機能を維持し、幸せな老後を送り続けるための身体づくりをしたいのであれば、次の2点は絶対に押さえておきたいところです。

まず1つは時間です。身体機能を維持するには、**少なくとも1回1時間以上はリハビリ、機能訓練が必要**です。ですから、1時間以上行っているところを選びましょう。

そして、もう1つは、**PTなどのセラピストがしっかりいるところ**。

具体的にいうと、PTかOTが1人以上常駐している施設です。

ただし、デイケアには必ずPTなどが常駐していますが、デイサービスにPTやOTが常駐しているケースはごくまれにしかありません。

もしデイケアや、PT、OTが常駐しているデイサービスが近くにない場合には、次善の策として、運動系の機能訓練に力を入れているデイサービスを利用することを考えてもよいでしょう。

できれば、**外部の医療系（デイケアなど）のPTと連携しているところ**を探しましょう。

「連携している」というのは、その施設でやっている機能訓練の効果・効能を、外部の医療系のPTにアドバイスをしてもらっているということです。

そのようなところは、リハビリの専門職であるPTの目が入っているということで、きちんとした機能訓練を受けられる可能性が高まります。

機能訓練に1時間以上費やしているかどうか、PTが常駐しているかいないかなどの情報については、一般の人はなかなか入手しづらいものです。

よくわからないときには、担当のケアマネジャーに確かめてもらいましょう。

また、いざ通ってみると「自分には合わない」と本人が感じたり、効果が感じられなかったりすることがあります。

最低3カ月通ってみて、その印象や身体の状態が変わらなければ、無理をして続ける必要はありません。

同じリハビリでも、施設、セラピストの能力によって効果は違います。医師がいるだけでリハビリと呼んで、その実は形骸化しているデイケア、リハビリを本業としていない訪問看護ステーションでのセラピストの手技と呼ばれる弛緩マッサージ。

そして、ベッドの上や部屋の中でリハビリと称してストレッチを中心とした訪問リハビリ……。前述したように、父親の介護時に私は質の高いPTと奇跡的に出会えましたが、奇跡ではなく必然で質の高いリハビリが供給されることが求められるのです。

一度通いはじめたからといって変えてはいけないというルールはありません。

あらためてケアマネジャーに相談し、次の施設を探すようにしてください。

「やりたくないリハビリ」をさせる魔法の言葉とは

最初は「デイサービス（ケア）」という言葉を使わない

誰もが、リハビリを始めるのに積極的なわけではありません。リハビリを受けるのを嫌がる人も、少なからずいます。

そうした人にリハビリを受けてもらうには、ちょっとしたコツが必要です。

実は、リハビリを受けたがらない人は、**リハビリそのものではなく、障がい者、高齢者扱いをされて、デイサービス（ケア）に通わなければならない、施設名が外側に大きく書かれた送迎車に乗らなければならないということに、抵抗を感じています。**

よって、リハビリを開始するためには、まずデイサービス（ケア）施設に足を運んでもらうことが、最初のハードルとなります。

デイサービス（ケア）に行くことを嫌がる人は、家族、身内にすすめられても、なかなか首を縦に振りません。

だからといって、無理強いしたり、本人の自尊心を傷つけるような言葉で誘ったりするのは逆効果です。

そんなときには、客観的な立場の第三者にすすめてもらうと、意外なほど素直に聞き入れてくれることがあります。

具体的には、まず、ケアマネジャーにお願いするとよいでしょう。

そして、ケアマネジャーにお願いするときには、「デイサービス（ケア）に行く」という言い方をしないように伝えてください。

「デイサービス（ケア）」というと、どうしても一般的なレクリエーション偏重型の施設をイメージしてしまうため、特に男性はそれだけで敬遠しがちです。

デイサービス（ケア）という言葉は使わず、リハビリを受けられるところに行くのだと、目的を明確にしておきましょう。

身体は正直、ＰＴのリハビリを受ければ効果は実感できる

実際にリハビリを受けるにあたって、一番大切なのは、ＰＴが常駐している施設を選ぶことです。

なんといっても、身体は正直です。

正式にリハビリを学んだＰＴの指導の下なら、いくつかの動きを試すだけで、自分の身体がいかに弱っているかを実感することができます。

さらに、続けて**簡単なリハビリを受ければ、その場で身体がラクになるのを感じることもできる**でしょう。

たとえば、痛みがあり、曲がらない脚に対して、PTは身体全体にアプローチしながら、あえて脚が痛みを感じる方向に力を加えることがあります。

素人目には少々心配に映るかもしれませんが、筋緊張がとれ、本人はぐっと身体がラクになるのです。

初めての体験通所でそうした経験をすれば、その効果を認めやすく、その後もリハビリを続けられる可能性が高まります。

また、端から見ていても、明らかに身体の動きがよくなるので、同行した家族も、それまで以上に自信を持って、本人にリハビリを受けることをすすめられるでしょう。

自分の身体のことをちゃんと理解してくれていると感じられるPTの存在が、本人にとっても、家族にとっても、リハビリを続ける大きなモチベーションになるのです。

通所をどうしても嫌がる人には、**最初の一度だけ、PTに自宅に来てもらえるようにお願い**すれば、それがリハビリを始めるきっかけになるかもしれません。

ぜひ施設の方に相談してみてください。

何かしたいことがあれば、人は身体を動かそうとする

ここで、皆さんに質問です。

リハビリは、何のためにするのだと思いますか？

歩けるようになるため？

不自由なく身体を動かせるようになるため？

確かに、リハビリを行うときには、歩けるようになることや、不自由なく身体を動かせるようになることを目指します。

ただ、リハビリを受ける人にとっては、それが本来の目的ではないはずです。

歩くことや不自由なく身体を動かすことはあくまでも手段であって、その先には本当の目的があります。

買い物に行く。

あるいは、友だちとどこかに出かける。

そうした目的を果たすために、人は歩くのです。

リハビリに臨む際にも、歩くこと、身体のどこかを動かすことなどや、リハビリそれ自体を目的にするのはおすすめしません。

生活の中で自分が何をしたいかを頭に思い浮かべながら、リハビリに取り組むほうがよいでしょう。

何かしたいことがあれば、人は身体を動かそうとします。

第1章で紹介した中村さんのことを思い出してください。

彼は、前と同じように甲子園に高校野球を観に行きたいという目標があり、それが、結果的に、リハビリの継続につながりました。

そうして身体を動かしている限り、活動量が保たれ、部分的な機能の回復ばかりでなく、全身の機能の維持・向上も図ることができます。

未来の自分の姿をイメージできれば、リハビリは続けられる

日常の中で身体をきちんと使えるようにするのが、リハビリの最大の役割です。

たとえば、「人の手を借りずに、自分でトイレに行きたい」という目的を叶えるためには、**必ずしも完全な形で歩けるようになる必要はありません**。

その人が自宅のトイレを利用するためにはどんな動きが求められるのかを考え、その動きを再現して何度も繰り返すようにします。

そうすることで、活動量を低下させずに、本来の身体機能を保つことができ、日常生活の維持にもつながりやすくなるのです。

なかには、生活の中で何かをすることを目指すのではなく、身体機能を段階的に向上させることをモチベーションにして、リハビリを続ける人もいます。

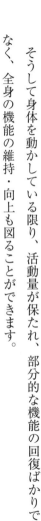

特に男性は、目標を設定してそれをクリアし、また次の目標に向かっていくことにやりがいを感じる人が少なくありません。

いずれにしても、リハビリを続けていくうえでは、その先の自分の姿をイメージできるかどうかが重要です。

なんとなく通所をしていると、リハビリがただ終わりのない作業のように感じられて、途端にやめたくなってしまいます。

半年後、友だちと一緒に食事に出かける。

1カ月後に、今取り組んでいる動作ができるようになっている。

そんな目的、目標があるから、きついときがあっても、リハビリを頑張れるのです。

家でできる、身体機能を維持するための最低限のセルフケア

痛みが出ても、止めるのが正解とは限らない

ＰＴの指導の下でリハビリに取り組めば、身体機能の維持・向上を図るとともに、活動量を保つことも可能です。

しかし、さまざまな事情から、ＰＴが常駐する施設になかなか通うことができない人もいるかもしれません。

そんな人のために、ここでは、自宅でできる身体機能維持トレーニングをいくつか

ご紹介しましょう。

これらのトレーニングは、**「起き上がる」「寝転ぶ」「立ち上がる」「座る」「歩く」ために必要な身体機能を鍛えるもの**です。寝たきりを防ぎ、介護量を軽減するのに役立ちます。

各トレーニングの回数は、あくまでも目安です。

疲労度に応じて、回数を増減してください。

痛みの出る運動については、即中止と判断せず、痛みのない範囲で実施する、もし可能ならリハビリの専門職に相談し、効果を狙える運動に変更するなどして続けましょう。

「継続は力なり」

「少しの継続が健康寿命を引き上げる」

このことを常に念頭に置き、取り組んでみてください。

① 立ち座り（スクワット）

目安の回数 10回1セットで、1日に2〜3セット。

効果 いすからの立ち上がり、歩行に必要な筋力を鍛える。

方法 痛みのない範囲でお尻を後ろに突き出すようにして屈んでいく。

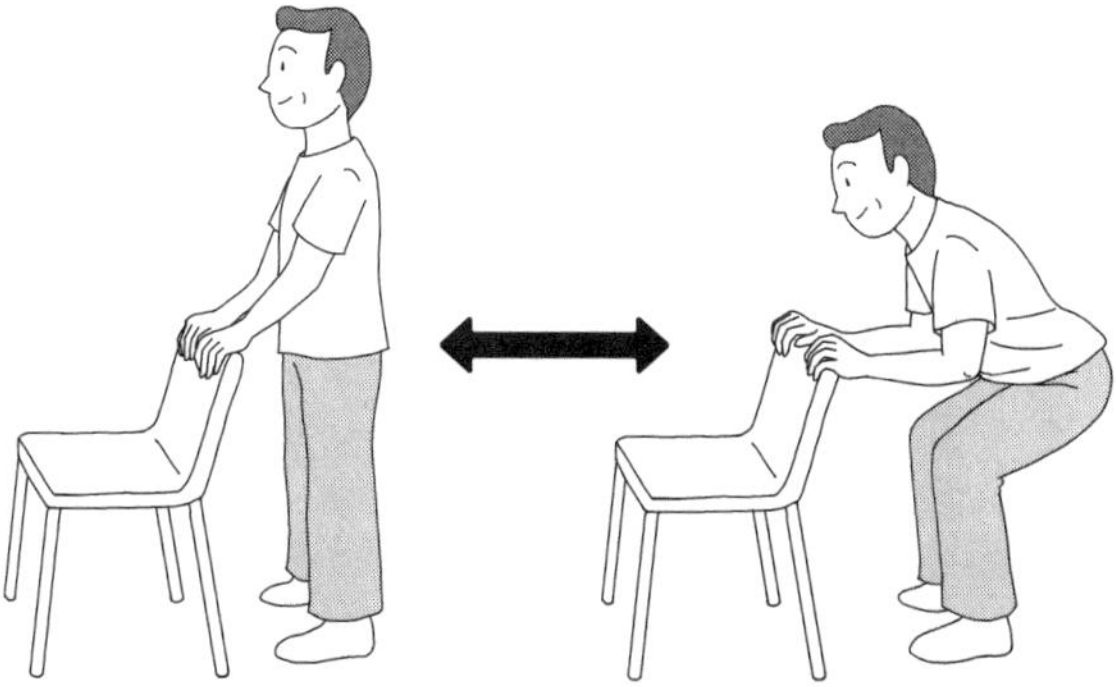

お尻を突き出すように。

尻もちをつきそうな方は

後ろにいすを置いて、安全に行うようにしましょう。

②つま先立ち・かかと立ち

目安の回数 10回1セットで、1日に2～3セット。

効果 前後のバランス感覚を鍛え、転倒を予防する。

方法 つま先立ちと、かかと立ちを交互に行う。

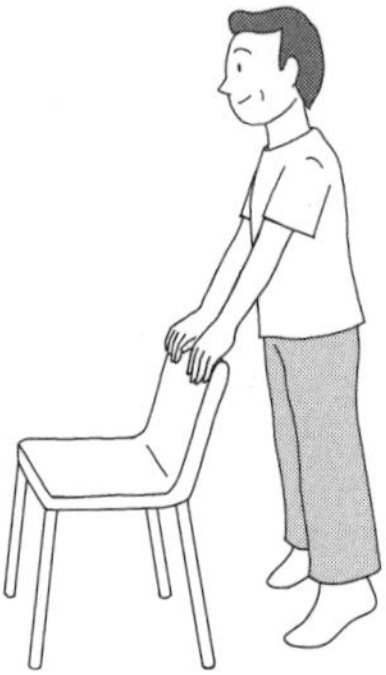

斜め上に伸び上がるように、
つま先立ちになる。

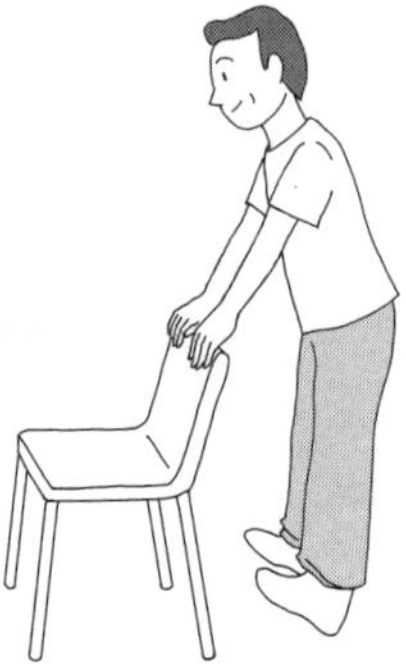

かかとでバランスを取るように
かかと立ちする。

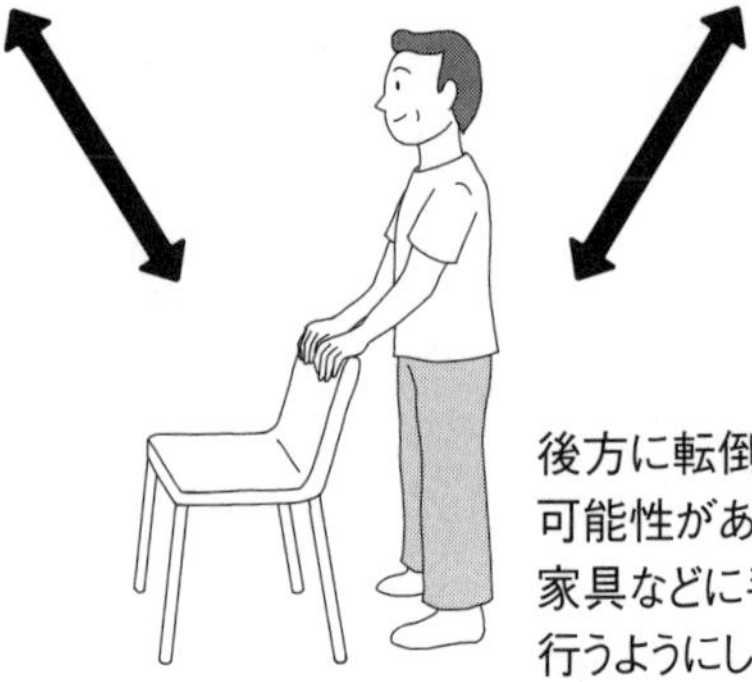

後方に転倒する
可能性があるので、
家具などに手を添えて
行うようにしましょう。

③大きく踏み出し

目安の回数 左右交互に10回ずつを1セットで、1日に2～3セット。

効果 歩くときの引きずりや前方への転倒を予防するための筋力・バランス感覚を鍛える。

方法 できる範囲で大きく一歩踏み出し、足を可能な限り曲げます。その後、元の位置に戻る。

上体が前に倒れすぎないように踏み出します。
できる範囲で大きく足を出しましょう。

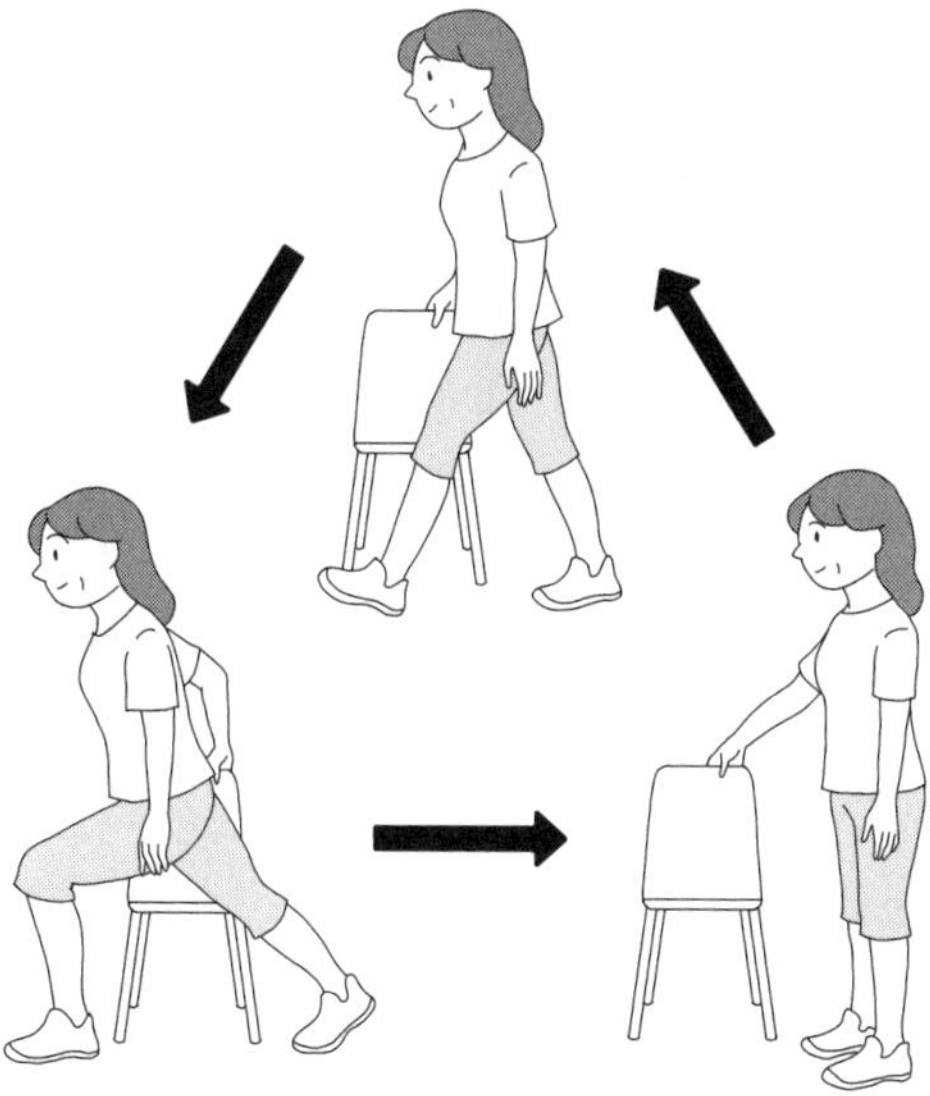

ひざや腰などに痛みが出る場合は、
無理に行わないようにしましょう。

④頭起こし（腹筋）

目安の回数 10回1セットで、1日に2～3セット。

効果 起き上がりや嚥下の機能の維持に必要な体幹、首の筋力を鍛える。

方法 仰向けになり、おへそをのぞき込むように頭を上げる。

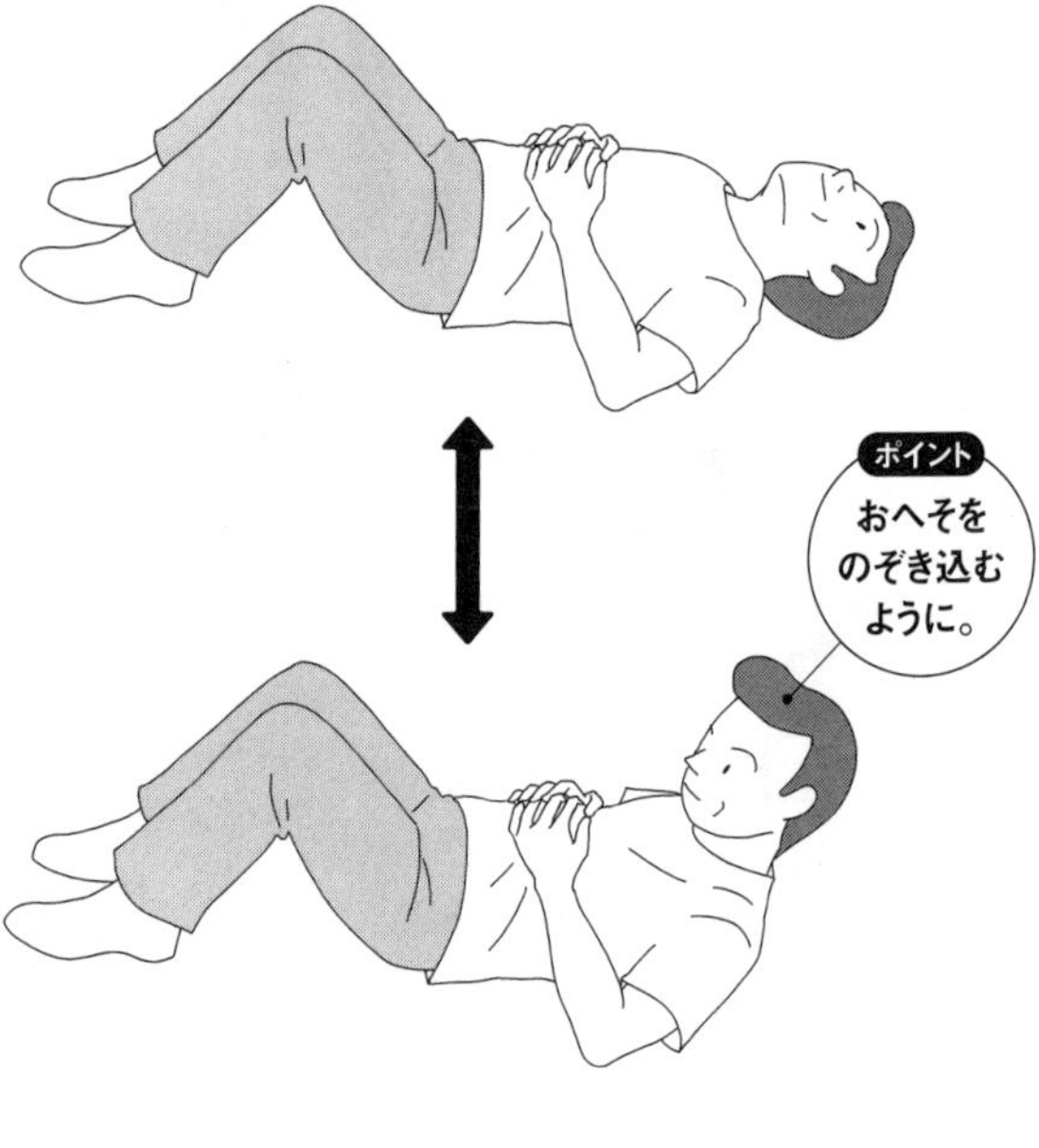

腰を床につけたまま、あごを引き、
腰を丸めるようにして頭を起こしましょう。

⑤お尻上げ

目安の回数 10回1セットで、1日に2〜3セット。

効果 座る、立つ、立ちながらの作業などに必要な筋力を鍛える。

方法 仰向けになり、ひざを立て、お尻を持ち上げていく。

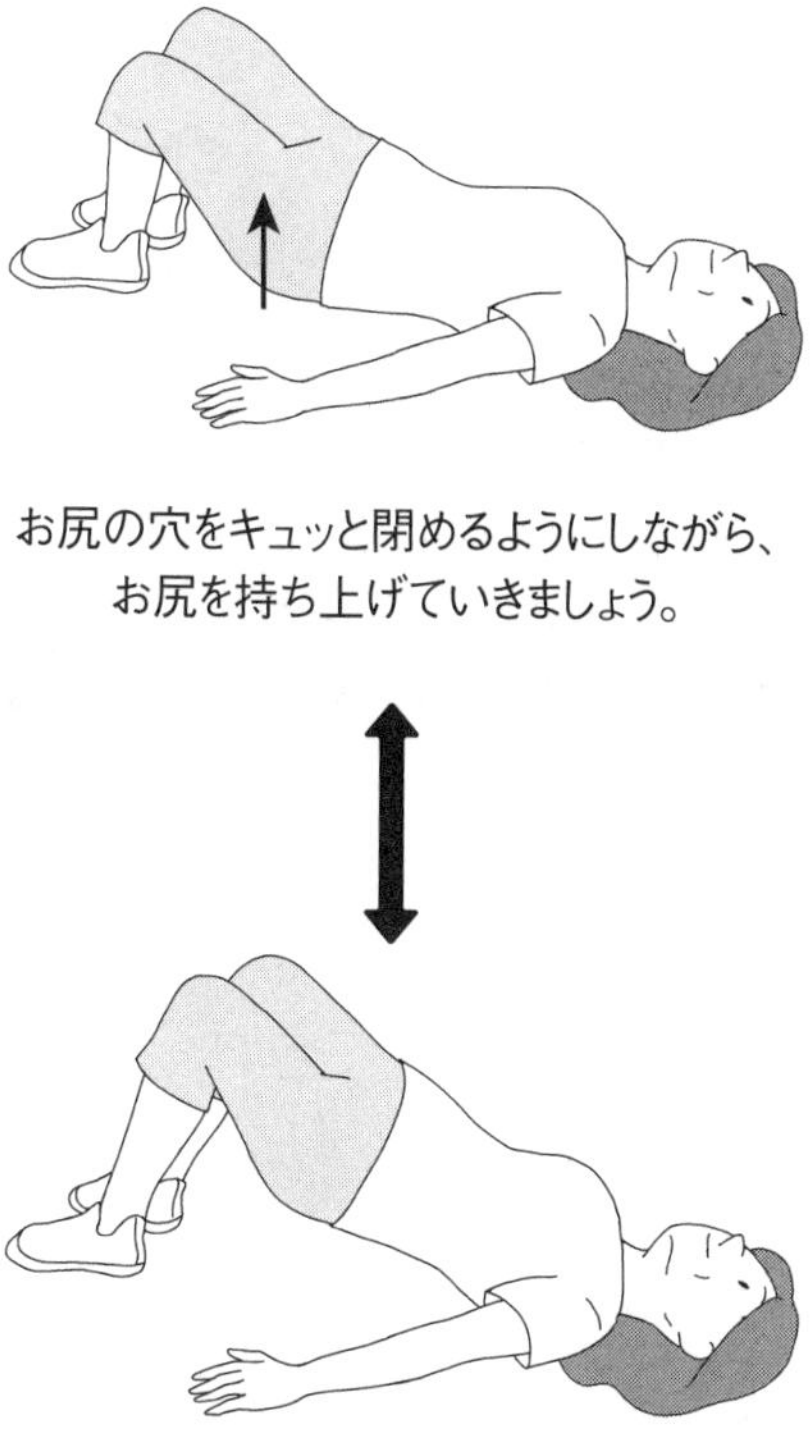

お尻の穴をキュッと閉めるようにしながら、
お尻を持ち上げていきましょう。

首や背中、腰に鋭い痛みを感じた場合には、
控えるようにしましょう。

⑥腰ひねり

目安の回数 10回1セットで、1日に2～3セット。

効果 起き上がる、歩く、服を着るなど、さまざまな動作をしやすくするのに必要な柔軟性、バランス感覚、体幹筋を鍛える。

方法 仰向けになり、ひざを立て、立てたひざを横に倒し、腰をひねる。ひざを起こし反対側にまたひざを倒す。

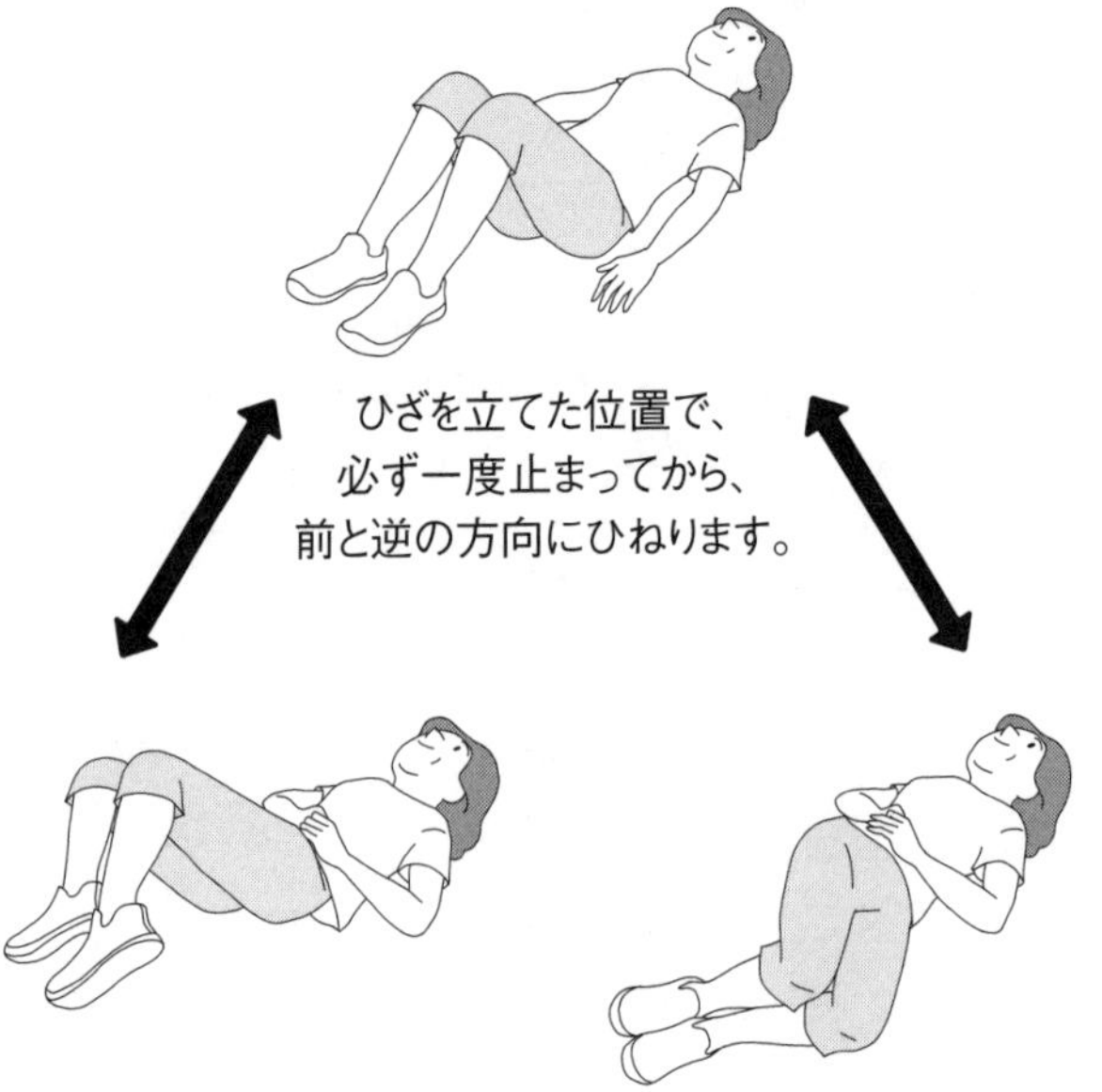
ひざを立てた位置で、
必ず一度止まってから、
前と逆の方向にひねります。

背中や脚の付け根、腰に鈍い痛みを感じた場合には、
痛みのない範囲で行いましょう。
鋭い痛みがあるときは、控えてください。

⑦「行かないで～!」(体幹バランス)

目安の回数 1ポーズ20秒×6ポーズを1セットで、1日に2～3セット。

効果 座る、立つ、立ちながらの作業などに必要な筋力を鍛える。

方法 四つんばいになり、左右の腕、脚を交互に手足を伸ばす。

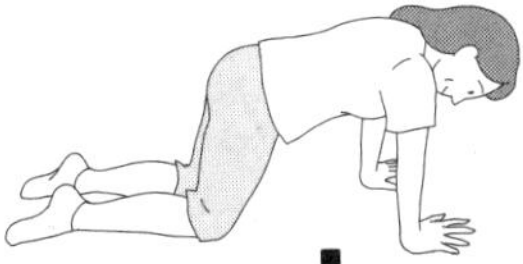

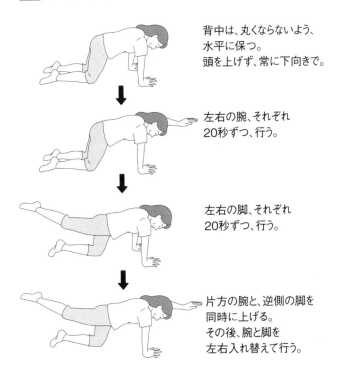

背中は、丸くならないよう、
水平に保つ。
頭を上げず、常に下向きで。

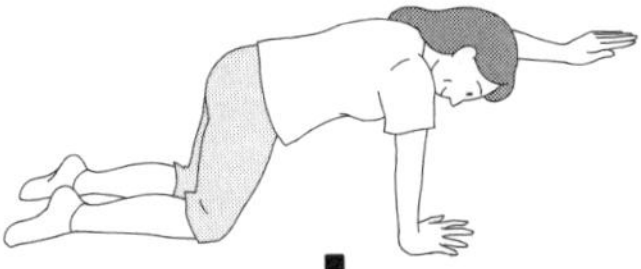

左右の腕、それぞれ
20秒ずつ、行う。

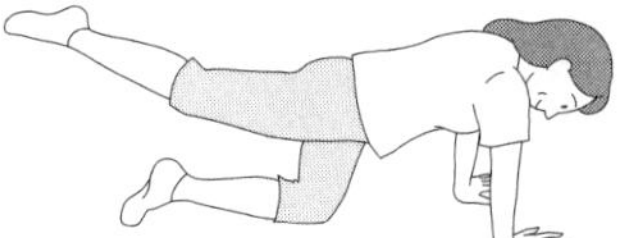

左右の脚、それぞれ
20秒ずつ、行う。

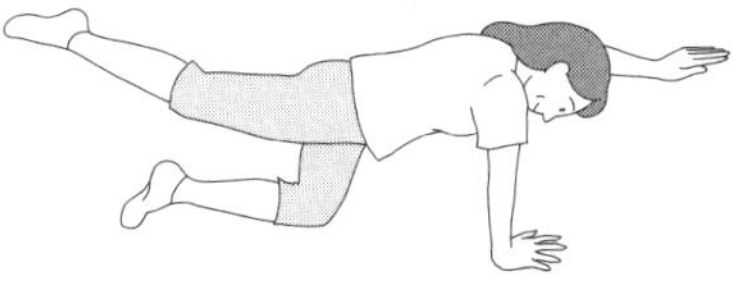

片方の腕と、逆側の脚を
同時に上げる。
その後、腕と脚を
左右入れ替えて行う。

首や背中、腰に鋭い痛みを感じた場合は
控えるようにしましょう。

なぜ、もちを詰まらせる老人があとをたたないのか

足腰だけじゃない、嚥下機能の低下を改善する

歩行機能も大切ですが、噛んだり、飲み込んだり、ものを食べる機能も、非常に大切です。

これらの機能も、ほかと同じく年齢とともに弱っていきますが、弱ったことになかなか気づきにくいのが特徴です。

突然ですが、30秒間でツバを3回飲み込んでみてください。

もし、できなかったら、嚥下機能（物を飲み込む機能）が衰えている可能性が高い

です。

なぜ大切なのか。それは、人間の身体は、食べ物から栄養素をもらってできているからです。

噛んだり飲んだりする機能が落ちることで、食べ物がうまく消化されず、栄養があまり吸収されなくなることもありますし、食べるのがつらくなるために量が減り、栄養が不十分になり健康を害している高齢者もたくさんいます。

厚生労働省が2019年に行った「国民健康・栄養調査」によると、65歳以上の低栄養傾向（BMI20以下）の割合は、16・8％（男性12・9％、女性20・7％）。

さらに、**85歳以上の女性は約3割が低栄養傾向にある**とあります。

この飽食の日本において、飢餓状態の人がこれだけいるのです。

だからこそ、私どもの施設には、STという口腔機能のリハビリテーションの専門職がいて、必要な方には、嚥下機能を低下させないリハビリも行うようにしています。

高齢者が食べたり飲んだりする機能が弱まることを如実に表しているのが、毎年、お正月のころの、もちをのどに詰まらせて救急搬送される事故のニュースです。

東京消防庁の発表によると、2021（令和3）年の元日夕方までに、もちをのどに詰まらせて救急搬送された人は5人。

そのうちの1人が死亡し、ほかの4人も心肺停止などの重体です。

団子なども含むもちによる窒息事故は、1月と12月に集中しています。

東京消防庁の調査では、2015年から2019年までの5年間に東京都内で団子などを含むもちによる窒息事故で救急搬送された人は、1月が最多で177人、12月が63人でそれに次ぎ、2月の41人、11月の33人と続きます。


実は、こうしたもちによる窒息事故の被害者の多くが高齢者です。

東京消防庁のデータによれば、2015年から2019年までの5年間にもちが原因の窒息事故で救急搬送された463人のうち、65歳以上の高齢者は412人。

なんと、**全体の9割近く**を占めています。

なぜ、高齢者は、それ以外の年齢層の人に比べて、これほどもちをのどに詰まらせやすいのでしょうか?

最大の原因は、飲食物を飲み込むための嚥下機能が高齢になると低下するからです。

人間はものを飲み込む直前に息を止め、その直後に息を吐くことで、気道をふさいで、食道に食べ物を通します。

この動作がスムーズに行われなくなると、食べ物が誤って気道に入る誤嚥を起こします。


健康な人でも、50代になると飲み物や唾液が食道のほうに流れず、思わずむせてしまったという経験がある人も少なくないでしょう。

そんなときには、誤嚥を起こしかけているのです。

人は年齢を重ねるにつれ、口やのどの周辺の筋肉、神経が衰えていきます。

その結果、嚥下機能が低下して、誤嚥を起こしやすくなるのです。

液体ならまだしも、もちのような粘り気の強い固体を誤嚥すれば、ただでは済みません。

こうして、本来ならおめでたいはずの新年早々に、高齢者がもちをのどに詰まらせて救急搬送されるという悲劇が繰り返されるのです。

悲劇を繰り返さないためには、口腔ケアの充実が必要

身体の衰えは、脚、そして口からやってきます。

口の健康を維持することができれば、全身の健康の維持にもつながるのです。

これを防ぐためには、2つの種類の口腔ケアをしなければなりません。

1つは、口の中の細菌や汚れを取り除くケア。もう1つは、嚥下機能をはじめとする、口の機能を維持・向上させるケアです。


口の中の細菌や汚れを取り除くことは、特に誤嚥によって口の中の細菌が気管から肺に侵入する誤嚥性肺炎のリスクを避けるうえでも重要です。

この誤嚥性肺炎で年間4万人の高齢者が命を落としているといわれています。

また、口の機能を維持・向上させることは、「食べる」という観点から、誤嚥や低栄養を防ぐ働きがあります。

さらに、「話す」という観点では、コミュニケーションやモチベーションを保たせることで、うつや認知症のリスクを低減させるのです。

ところが、これほど重要な役割を果たしている口に関して、介護の現場での口腔ケアの実態は、はかばかしいものではありません。

4万数千あるデイサービスのうち、口腔機能向上加算（噛めない、飲み込めないといった口腔機能が低下している人に、改善を目指したサービスを提供した場合に算定する加算。加算することで、介護保険から業者にその分のお金が支払われる）を得ているのは、**わずかに6％台**。

つまり、デイサービス全体のうち、6％の施設しか、口腔ケアを実施していないのです。

ましてや、本来ならば口腔のリハビリテーション専門職であるSTや歯科衛生士が機能改善管理指導計画を作成したうえで、サービスを提供し、定期的に記録・評価をするものですが、実際には専門外の看護師が行っているケースが多いのです。

世間一般だけでなく、介護業界にさえ、口腔ケアの重要性はあまりにも認知されていません。

それが広く認知され、デイサービスで正しい口腔ケアを受けるのが当たり前の世の中がこない限り、もちをのどに詰まらせる高齢者は今後もあとをたたないでしょう。

介護保険でも口腔ケアは受けられます。

介護支援の1つに、ぜひ忘れずに入れてほしいものです。

また、「パ」「タ」「カ」「ラ」の4文字を各5回ずつ大きな声で連続ではっきりと発声したり、早口言葉を言ったりすると、口周りの筋肉を鍛えられるので、日々の生活の中で心がけてみてはいかがでしょうか。

食事によって身体機能を失う老人たち

口腔ケアの大切さを述べたうえで、もう1つ重要なのが、食事です。

先ほど「栄養が足りていない85歳以上の女性が約3割いる」と述べましたが、明らかに栄養が足りない食事をしている方が高齢者で多く見受けられます。

身体機能を司る筋肉は、運動をするだけでつくわけではありません。

きちんとした栄養があって、初めてつくものです。

以前、こんなことがありました。

リタポンテに通っていて、真面目にリハビリに打ち込んでいるのに、どうしても身体機能が上がってこない方がいらっしゃいました。

何が原因なのだろうといろいろ考え、本人にもいろいろと生活の面で聞いたところ、食事に問題があることがわかったのです。

おかし、特にポテトチップスが大好きで、食事と食事の合間に、ついついつまむ。

そうすると、おなかが減らないので、菓子パンなどで簡単に食事を済ましていたのです。

特に、高齢になってくると、お腹が減りにくくなります。

若いときほど、量も食べられません。

だからこそ、一食ごとに栄養のあるものをしっかりと食べることが必要です。

特に、大切なのは肉類。筋肉をつくるたんぱく質が、たっぷり含まれています。

もし、肉を食べるのが負担だというのであれば、**プロテインなどのたんぱく質補助食品を摂取するというのも1つの手**です。

たんぱく質をとる。それが、リハビリとともに、身体機能を弱らせないための1つのキーワードになります。

第4章

家族が、自分が倒れる前に知っておきたい介護の基礎知識

ケアマネジャーは結局相性、どんどん変えていい

ケアマネジャーを選ぶ際には、何を重視するかを事前に決めておく

要介護認定を受けたら、まずしなければならないのは、どんなことでしょうか？
それは、ケアマネジャーを探すことです。

ケアマネジャーを探すための第一歩は、**市区町村の介護保険課や地域包括支援センターで、ケアマネジャーが所属する居宅介護支援事業所のリストをもらう**ことから始まります。

各事業所で受け入れられる人数が決まっているので、まずは事業所に電話をして、空き状況を確認しましょう。

空き状況が確認できたら、その中で電話での対応などに好感が持てた事業所を選んで、ケアマネジャーに自宅まで来てもらいます。

そこで率直に意見交換し、問題がなさそうであれば、契約をします。

その後は、ケアプランの作成に進むことになるでしょう。

もし**ケアマネジャーと面談して、違和感を覚えたときには、別のケアマネジャー、別の事業所とあらためて話をすることもできます**。

ケアマネジャーの資格を取得するには、国家資格が必要なさまざまな業務で5年以上、900日以上の実務経験が必要です。

そのため、前提となる国家資格によって、ケアマネジャーごとに得意分野が異なる傾向があります。

国家資格が介護福祉士なら生活、看護師なら医療、PT、OT、STならリハビリに関してのサポートに長けているという具合です。

介護で特に何を重視するか、本人と家族とであらかじめ決めておけば、得意分野まで考慮しながらケアマネジャーを選ぶことができるでしょう。

介護が長く続くかもしれないから、ケアマネジャーとの相性は大切

介護を受ける本人が、ケアマネジャーに心を開かない。ケアマネジャーが家族の要望に耳を傾けてくれない……。そんなときは、どうすればよいのでしょうか？

迷わず、担当ケアマネジャーを変更することをおすすめします。極論をいえば、本人、家族とマッチするケアマネジャーに出会うまで変更を続けてもよいくらいです。

平均寿命と健康寿命の差をふまえれば、平均して男性は8年、女性は12年近くも介

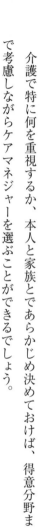

護の期間が続く可能性があります。

その間、合わないと感じるケアマネジャーと介護という共同作業を続けていくのは難しいといわざるをえません。


ケアマネジャーを変更したいときには、まずそのケアマネジャーが所属する居宅介護支援事業所に連絡し、その旨を伝えます。


事業所では、別のケアマネジャーを紹介してくれるでしょう。

もっとも、1つの居宅介護支援事業所に所属しているケアマネジャーは人数が限られています。

事業所ごと変更することを考えるなら、ほかの事業所に直接あたるか、市区町村の窓口、もしくは地域包括支援センターに相談します。

市区町村の窓口や地域包括支援センターでは事業所の案内までしかできないので、その後は、最初のときと同様、自分で各事業所に電話をし、ケアマネジャーを探すことになります。

また、利用中のヘルパー事務所、デイサービスなどに相談すると、懇意のケアマネジャーを紹介してくれる場合もあるでしょう。

「ケアマネジャーは何度変更してもよい」といっても、介護を受ける側としては「お世話になっている」という意識が抜けきれないため、特に高齢になればなるほど、ケアマネジャーの変更をためらってしまうものです。

しかし、**本来は介護の助けになる存在であるはずのケアマネジャーが、もし本人や家族にとってストレスの原因となっているのなら、それは本末転倒**だともいえます。

介護に望むことも、人間関係の相性も人それぞれですから、ケアマネジャーの変更を悪いほうにばかり考える必要はありません。

実際、それは、介護保険制度のルールでも認められていることです。

不満や違和感が解消できないときには、変更に向けて行動を起こしましょう。

良いケアマネジャーと悪いケアマネジャーの見分け方

独りよがりのケアプランを押しつけるケアマネジャー

介護保険サービスの利用者にとって、「悪いケアマネジャー」とは、どんなケアマネジャーでしょうか？

それは、**利用者のニーズをきちんと拾えていないケアマネジャー、独りよがりのケアプランを押しつけてくるケアマネジャー、融通の利かないケアマネジャー**です。

一般のサービス業なら、利用者のニーズをきちんと拾えていなければ、お客さまに来てもらえず、事業を続けていくことはできません。

ところが、介護業界では、介護保険制度を利用して売上が立てられるからか、かつての老人福祉法に基づく措置制度だったときの悪しき習慣が残っているのか、サービス業であるとの自覚を持たずに仕事に就いている人がいます。

ケアマネジャーもその例外ではなく、なかには利用者のニーズを本人や家族から丁寧に聞き取らずにケアプランを作成してしまうケアマネジャーもいるのです。

そして、それよりもさらに厄介なのが、自分の限られた経験に基づく独断と偏見によって、独りよがりのケアプランを作成するケアマネジャーです。

こうしたタイプのケアマネジャーは、本人や家族のニーズを聞き流し、リハビリテーション専門職の客観的な評価にも耳を傾けることがありません。

挙句の果てに、**何の根拠も示さず、本人が行きたがらないデイサービスに無理やり通わせたり、重症だからリハビリはできないとあきらめさせたりする**のです。

周囲の関係者が異論を唱えても、「ケアプランをつくるのは、私の権限だから」と言い放つケアマネジャーさえいます。

これでは、誰のためのケアプランなのか、わかりません。

介護保険制度には、細かな決まりごとが数多くあります。

たとえば、デイサービスのスタッフは、送迎の際にも、利用者の家の中には、基本的に立ち入ることができません。

また、**ホームヘルパー（訪問介護員）は、ケアプランに記載されていないサービスを行うことは一切認められていない**のです。

このような厳格なルールの中で介護をしなければならないため、ケアマネジャーが先々を見越した対応をしていないと、利用者にさまざまな不便が生じやすくなってしまいます。

制度の問題でもあるので、「悪い」というのは少々酷かもしれませんが、介護を受ける人やその家族にとって、融通の利かないケアマネジャーがありがたくないのは紛れもない事実でしょう。

良いケアマネジャーは、利用者を第一に考えて、アクティブに行動

逆に、「良いケアマネジャー」とは、どんなケアマネジャーでしょうか？

それは、専門職の意見を聞き、それを正しく評価できるケアマネジャー、介護を受ける人やその家族に選択肢を提示できるケアマネジャー、アクティブなケアマネジャーです。

ケアプランを作成する際には、介護を受ける人やその家族のニーズを把握する必要がありますが、それらのニーズにとにかく応えればよいというものではありません。**介護保険サービスを受ける側の人たちは、医療や介護に関する知識の不足から、本来の目的と合致しないオーダーをしてしまうこともある**からです。

「できれば自立して生活したい」と考えている人に対しては、本人の状態が悪くとも、

「転倒リスク」があろうとも、リハビリをケアプランから外すのではなく、PTなどのリハビリテーション専門職の評価を聞いて、検討をしたうえで、自立した生活を送るのに最低限必要な質・量のリハビリをケアプランに取り入れるのが望ましいでしょう。

このように、リハビリに限らず、専門職の意見を聞き、正しく評価できるのは、良いケアマネジャーの条件の1つだといえます。

また、ケアプランは介護を受ける人とその家族と面談したうえで原案を作成しますが、**原案の時点で内容が固まってしまっていると、介護を受ける側が本心から納得していなくても、それを受け入れざるをえない状況が生じやすい**ものです。

そのため、良いケアマネジャーなら、介護を受ける側の立場や気持ちを考えて、原案を提示する際に、いくつかの選択肢を用意してくれるでしょう。

総じて、良いケアマネジャーはアクティブ、つまり行動的です。

自分が担当している介護保険サービスの利用者とひんぱんに連絡を取ったり、さまざまな介護保険事業者の施設に足を運んで、サービスの内容を把握したりすることに努めています。

それればかりでなく、介護保険サービスの利用者が新たな診断や評価を受けた場合、それに応じて、ケアプランの内容を再検討するのにも積極的です。

新しいサービスを試し、思ったような効果が得られないときには以前のサービスに戻すなど、ケアプランの変更を面倒がらず、介護を受ける人のメリットを最優先に考え、実際に行動してくれます。

特に介護にかかわり始めたばかりのころは、良いケアマネジャーと悪いケアマネジャーを見分けるのは簡単ではありません。

しばらく付き合ってみて、**ケアマネジャーが周囲の人の話に耳を傾けなかったり、行動力がなかったりするように感じられたら、ケアマネジャーの変更を検討する余地がある**でしょう。

介護のために用意しておくべきお金はいくら？

それでは、実際に介護をするとなったら、どれぐらいのお金がかかるのでしょうか？

介護費用は、医療費も含めて年間100万円以上

公益財団法人生命保険文化センターの調べによると、手すりをつけたり、介護用ベッドを購入したりする、住宅改造・介護受け入れ準備のための一時費用の合計額の平均は69万円です。

また、毎月の介護にかかる費用の平均額は介護保険の自己負担分を含めて7・8万円、全体の3割以上は10万円以上となっています。

介護費用はこれだけかかる!

【一時的な費用の合計】

掛かった費用はない	15万円未満	15〜25万円未満	25〜50万円未満	50〜100万円未満	100〜150万円未満	150〜200万円未満	200万円以上	不明
15.8%	19.0%	8.6%	6.8%	9.1%	6.0%	1.9%	6.1%	26.7%

平均 69万円

【月額】

支払った費用はない	1万円未満	1万〜2万5千円未満	2万5千〜5万円未満	5万〜7万5千円未満	7万5千〜10万円未満	10万〜12万5千円未満	12万5千〜15万円未満	15万円以上	不明
3.6%	5.2%	15.1%	11.0%	15.2%	4.8%	11.9%	3.0%	15.8%	14.2%

平均 7.8万円

※参照:生命保険文化センター「生命保険に関する全国実態調査」/2018年度

私自身、父親の介護の準備を始めるにあたって、本人が病院でリハビリを行っている間に、まず自宅のリフォームにとりかかりました。

父はパーキンソン病を発症し、パーキンソン病には手足の震えや、歩行困難などの症状があるため、自宅で車いすを利用する必要があり、暮らしていくうえでは、どうしても屋内と車庫のスロープをリフォームをしなければならなかったのです。

そして、その後の介護費用は、要介護3～5の段階からは限度額を超える月もあり、入院、検査などの医療費も含めて、年間で100万円以上かかりました。

医療費については、**父の医療費を自分の世帯の医療費と合算して計上**し、節税することにしました。

法的にも問題はなく、それによって所得税が軽減されるので、その分をまた別の介護に関する支出に充てることができます。

また、費用面において介護保険の限度枠を超えてしまうと10割負担になります。限度額を超えたとき、もし「訪問看護や訪問リハビリ」をケアプランに入れてもらっていた場合などは、**ケアマネジャーや訪問の医療専門職などに相談し、かかりつけ医の指示の下、看護とリハビリを医療保険で利用できるように**してもらってみてください。

そうすることで、介護保険の限度枠に余裕ができ、自費で支払わなくてはならない分を、介護保険適用枠にすることも可能となります。

支援の内容も、身体機能維持ファーストで選ぶ

介護する人がラクになるのなら、介護される人は衰えてもいい？

介護用ベッドを購入したり、介護を受ける人が使いやすいように住宅をリフォームしたりする平均69万円の一時費用は、本当にこれだけ必要なのでしょうか？

これはケース・バイ・ケースで、お金の問題だけではなく、かけすぎないほうがよい場合もあります。

確かに、介護を受ける人がそれさえなければ動けるような障がい物は、家の中から取り除くべきです。

しかし、いくらか努力することで使える家具や住宅内の構造に関しては、身体の機能を衰えさせないためにも、「バリアフリー」ではなく、「バリア有《あ》リー」。それをあ

えて残しておくという選択もあります。

一番わかりやすい例は、布団からベッドへの変更です。

布団に寝ていると、床から立ち上がる運動をおのずと繰り返すことになります。

それだけでも、身体の筋力を維持するうえでは、大きな効果があるのです。

ところが、それをベッドに変えてしまったら、床から立ち上がるという運動を一日の中でまったくしなくなってしまう可能性があります。

もしそうなれば、筋力が落ち、途端に足腰は弱ります。


なかには、介護を受ける人が布団で寝起きできているにもかかわらず、介護用ベッドの導入をすすめるケアマネジャーもいます。

それは、そのケアマネジャーに身体や医療に関する知識がないために、介護する人・される人を一時的にラクにすることだけを考えているからです。

また、ご家族も、身体機能ファーストを意識して、いろいろな介護用品を選んでほしいと思います。

たとえば、テープで脱着できる介護用の靴があります。

確かに靴を履かしたり脱がしたりするのはラクになりますが、そのような靴の中には、密着具合が弱いためか、ももを上げて歩くのではなく、どうしても使用者がすり足で歩いてしまうものがあります。

個人で買ったのなら、仕方のないところもあるのですが、そういうものがさまざまな介護施設で使われているのを見かけることもあり、本当にぞっとします。

すり足で歩いてしまうと、足の筋肉が衰えたり、扁平足を助長し、そのために身体のバランスを崩して、関節痛になりやすくなったり、側弯症《そくわんしょう》（背骨が左右に湾曲した状態）になったりするのです。

靴を選ぶときは、足をすってではなく、ももをきちんと上げて歩けるかどうかをしっかりと見極めてから、買ったほうがよいでしょう。

確かに、そのときに限れば、特に介護する人はラクになるかもしれませんが、介護される人は身体を使う機会を奪われることになります。

介護する人がラクになるために、介護される人の身体の機能を衰えさせてしまってよいものかどうか。

簡単に答えは出ないものの、介護する側はこの問いを胸にとどめておいたほうがよいでしょう。

また、長い目で見れば、経済的な観点からも、介護される人が身体を動かさなくなるような家具や住宅構造を安易に導入することはあまりおすすめできません。

そもそも、**身体の機能を維持できているのなら、介護用ベッドも大がかりな住宅のリフォームも必要のないもの**です。

身体の機能を衰えさせることに、わざわざ自己負担分を含めた介護保険のお金を使うのは、大きな矛盾ともいえます。

介護を受ける人の身体の機能をできるだけ維持・向上させることに努めるほうが個人にも社会にもおトクであることを、より多くの人に知ってほしいと思います。

最低限知っておきたい補助金制度について

自宅のリフォーム費用は、介護保険で最大18万円まで支給される

介護保険で介護のための住宅リフォーム費がいくらまで支給されるか、知っていますか？

最大18万円まで、支給される可能性があります。

介護が必要になったときには、介護保険をはじめ、経済的な負担を軽減するためのさまざまな制度を利用することができます。

その中でも、まずおすすめしたいのが、バリアフリーや介護を目的とした住宅リフォーム費の補助金・助成金の制度です。

介護保険では、介護のための住宅リフォーム費のうち、20万円の7〜9割、最大18万円まで支給されます。

これは、要介護認定の区分によらず、基本的には1人につき生涯で18万円を受け取れるものです。

そのため、**工事費用が20万円に達するまで、何度でも繰り返し利用することができますし、引っ越しをした場合はもう一度使うことができます。**

ただ、すべての介護リフォームに適用されるわけではなく、支給対象となるリフォーム内容が決まっているので、その点は注意が必要です。

まずはケアマネジャーに相談してみてください。

また、介護保険からの支給とは別に、市区町村からも、バリアフリーや介護目的の住宅リフォーム費の助成金を受けられることが少なくありません。

支給条件、支給額などは各市区町村で異なるので、詳細については市区町村のホームページや窓口で確認するようにしてください。

難病の人は、難病認定と身体障害者手帳の交付を受けよう

介護を受ける人のなかには、「難病」を患っている人がいます。「難病」とは、発病の原因が明確でないために治療方法が確立しておらず、長期の療養を必要とする病気です。

こうした難病のうち、国が医療費助成制度の対象と定めているものを「指定難病」といいます。

指定難病を患っている場合には、都道府県の窓口へ申請し、難病医療費助成の認定を求めるとよいでしょう。

認定されれば、月額の自己負担額の上限が0～3万円となる医療費の助成が受けられます。

医療費助成における自己負担上限額（月額）

（単位：円）

階層区分	階層区分の基準 （）内の数字は、夫婦2人世帯の場合における年収の目安		自己負担上限額（外来＋入院）		
			一般	高額かつ長期※	人工呼吸器等装着者
生活保護	―――		0	0	0
低所得Ⅰ	市町村民税非課税（世帯）	本人年収～80万円	2,500	2,500	1,000
低所得Ⅱ		本人年収80万円超～	5,000	5,000	
一般所得Ⅰ	市町村民税課税以上7.1万円未満 （約160万円-約370万円）		10,000	5,000	
一般所得Ⅱ	市町村民税7.1万円以上25.1万円未満 （約370万円-約810万円）		20,000	10,000	
上位所得	市町村民税25.1万円以上 （約810万円～）		30,000	20,000	
入院時の食費			全額自己負担		

※「高額かつ長期」とは、月ごとの医療費総額が5万円を超える月が年間6回以上ある者
（例えば医療保険の2割負担の場合、医療費の自己負担が1万円を超える月が年間6回以上）。
参照：難病情報センター「医療費助成における自己負担上限額（月額）」（2021年8月現在）

また、難病認定と同時に、生活になんらかの不便や障がいがあるようでしたら、身体障害者手帳の交付も受けるようにしましょう。

身体障害者手帳は、身体に障がいがある人の自立と社会経済活動への参加を促進するために交付されるものです。1～7級までの区分があり、申請は市区町村の障害福祉の担当窓口で行います。

身体障害者手帳が交付されると、その等級に応じてさまざまな支援やサービスが受けられ、経済的負担、場合によっては身体的負担も減らせるので、

活用しない手はありません。
身体障害者手帳の交付によって受けられるサービスには、次のようなものがあります。

・医療費負担の軽減
・国税や地方税の控除《こうじょ》または減免
・補装具購入費の助成または支給
・障がい者の生活支援を目的とした住宅リフォーム費の助成
・公共交通機関など各種運賃や通行料の割引
・駐車禁止除外
・郵便料金、ＮＨＫ受信料、公共施設入館料等、一部公共料金の減免　等々

身体障害者手帳で受けられるサービスの内容は自治体によっても異なるので、詳しくは住まいのある市区町村の障がい福祉の窓口に問い合わせるか、ケアマネジャーに

尋ねてみてください。

なお、介護保険の利用と身体障害者手帳の交付は同時にできますが、重複するサービスについては介護保険のサービスが優先されます。

高額療養費制度と医療費控除で、医療費をできるだけ軽減する

入院、通院を続ければ、医療費もかなりの額にのぼります。

特に高齢者の場合には、複数の病院を受診していることも少なくないので、なおさらでしょう。

そこで、医療費を軽減し、出費を抑えられる制度を2つ紹介しておきます。

まず、1つ目が、高額療養費制度です。

高額療養費制度では、同じ月に支払った医療費の一部負担金を合算し、自己負担限度額を超えた部分について、払い戻しを受けることができます。

高額療養費は、同一世帯に同じ医療保険に加入している人が複数いる場合、入院・外来・診療科を問わず、月の初日から末日までの1カ月間の自己負担額を合算することが可能です。

つまり、高齢の夫婦では、2人の負担額をあわせて計算することができます。ただし、入院時の食事代や差額ベッド代など、保険診療の対象でない費用は、高額療養費に含まれないので、注意してください。

2つ目の制度は、医療費控除です。医療費控除では、医療費の合計が10万円を超えた部分について、上限200万円までを対象に、税負担が軽減されます。その年の総所得金額が200万円未満の場合には、総所得金額の5％の額が対象となります。

医療費控除は、「生計を一にする配偶者やその他の親族」まで広げられるので、同居だけでなく別居していても、夫婦はもちろん、親子の分まで含めて合算し、申告することができるのがメリットです。

医療費控除に関しては、どんな費用が控除の対象に含まれるのか、判断が難しいところがあるかもしれません。

医師と歯科医師の診療・治療費用はもちろんそこに含まれますが、たとえば通院時のタクシー代、薬局で購入した風邪薬の代金などのほか、介護保険の訪問看護サービス、訪問リハビリテーションサービスなどの医療系サービスや、それとあわせて使ったホームヘルプサービス、デイサービスの利用料も対象となる場合があります。

控除の対象かどうか迷ったときには、税務署に問い合わせるのが確実です。

控除を受けるには、前年1年間の確定申告をしなければなりません。

還付申告の時効は5年なので、その間であれば、過去分についても申告して、還付を受けることができます。

ここでは、指定難病での医療費の上限と障害者手帳による医療費の助成、そして、高額療養費制度と医療費控除についてのお話をしました。

この4つの事業だけですが、申請場所が異なります。難病指定は都道府県。障がい者等医療費助成制度は各自治体の障がい関連部署。高額療養費制度は後期高齢者医療広域連合という所から書類が送られてきて各自治体の健康保険関連部署に申請。医療費控除は確定申告をして税務署に申告と……。

そして両親の確定申告すら、税務署は違反だと叱責してくるし本当大変です。

さらにこれらの申請以外にも社会福祉サービスを受けるときに、どれが該当し、どこに何を申請できるかといったことも考えなくてはなりません。それでなくとも忙しい、老老介護で外出しにくくなっている老夫婦や共働き夫婦、子育て世代の人たちに対し、**機会損失のないようにこれらの案内や申請の補助をトータルでしてくれる人は、ほぼいません**。

「こんな補助があります。これもあれも同時に申請しておきましょう」という、プッシュ型のデジタル行政が構築されることで、効率よく無駄をなくした生活環境が整えられ、ケア・リハビリプランにも積極的な自立支援ができてくると思われます。

第5章

これからの介護の未来はどうなるのか

コロナ禍で介護はどう変わっていくのか

コロナ禍で加速する高齢者の身体機能の衰え

これからの介護を考えていくうえで欠かせないのが、コロナ禍による影響です。新型コロナウイルスが日本でも蔓延し、さまざまなことが変わっていきました。私どもの運営するリハビリ専門のデイサービス、リタポンテでも、発生当時は、さまざまな情報に右往左往していましたが、今は感染症対策をしっかりとりながら、運営を続けています。

ただ、ご利用者さまは重症化しやすい高齢の方が多いため、デイサービスに来るのを本人が拒んだり、家族がやめさせたりするケースが少なからず見受けられました。

そこがとても心配です。

これまで述べてきたように、高齢者の身体機能は、落ちやすく、継続的な運動は不可欠です。

うちに来なくても自分でしっかりと身体を動かせていればまだいいのですが、なかなかそれは難しいでしょう。

コロナ渦における最初の緊急事態宣言が発令され1カ月たったとき、施設に来ることができない人たちのために、短時間の運動指導をしに訪問したところ、多くの人の身体機能は著しく落ちていました。

NHKが2021年3月23日に報じたニュースによると、筑波大学大学院の研究グループが40代以上を対象として大規模に行った調査では、2020年11月の時点で**外出するのが週に1回以下だった人が、70代で22%、80代で28%、90代で47%**にのぼり、外出の機会が大幅に減っていることがわかったそうです。

さらに、17%の人が、自分の健康状態が悪化していると感じています。

運動不足による身体の不調だけではなく、特に高齢の世代では、外出が少なくなったことで、友人や地域の人とのコミュニケーションといった社会活動の機会が減り、認知機能の低下や精神状態への影響も深刻になっています。

60代以上では「同じことを何度も聞いたり物忘れが気になるようになった」という人が27％、「生きがいや生活意欲がなくなった」という人が50％にのぼっていることも明らかになりました。

新型コロナウイルスによる健康被害ももちろん心配ですが、コロナがある程度収束した後、この期間で身体機能が衰えた、認知症が進行したという高齢者が増えないか、気が気ではありません。

新型コロナウイルスは大丈夫だったけど、身体機能が衰えてしまったというのでは、意味がありません。

そこで、弊社では、デイサービスに来づらいという方のために、情報端末を無償でご利用者さまに配り、オンラインでのおよそ1時間の機能維持訓練も行うようになりました。

オンラインでのトレーニングはなかなか高齢者にはハードルは高いかなと思いましたが、特に複雑な操作が必要なわけでもなく、十分に使いこなしていただき、現在も継続中です。


なにかしらのオンラインでの機能訓練でも構いませんし、第3章で紹介した自宅でできるトレーニングでも構いません。

なかなか外に出られないなら、特に**高齢者は、家の中で身体を動かす量を増やして、この状況でも身体機能を落とさないことが、未来のために大切**です。

せっかくコロナが収束したのに、身体が弱ってしまって外出できないというのは、悲しいですからね。

ぜひ、毎日少しずつでも、取り組んでみてください。

気がつけば、「老老介護」から「老老老介護」に

相次いだ入所先でのトラブル

65歳以上の高齢者を同じく65歳以上の高齢者が介護している状態のことを「老老介護」といいます。

第3章でも軽く触れましたが、これからさらに社会の高齢化が加速していく中で、**さらに1つ「老」を加えた「老老老介護」の問題がこれからより深刻になっていく可能性が高い**です。

リタポンテのご利用者さまにも、この問題を抱えている方がいらっしゃいます。

渦中にいるのが、島野さん（70代女性・仮名）です。

島野さんの80代のご主人は、進行性核上性麻痺《しんこうせいかくじょうせいまひ》を患っています。

進行性核上性麻痺とは、大脳基底核《だいのうきていかく》、脳幹、小脳などの神経細胞が減って、転びやすい、下のほうを見るのが難しい、しゃべりにくい、飲み込みにくいといった症状が現れる、指定難病です。

初期症状は認知症に似たところもあり、介護負担が増してきたので、島野さんはご主人を老健に入所させました。

老健は基本的には入所期間が3カ月と限られるため、島野さんのご主人は、リハビリをしながらいくつかの老健を転々とします。

そうしたなか、ある老健から戻ってこられると、島野さんのご主人が骨折していたことがありました。

また、別の老健では、せん妄のために、島野さんのご主人が施設のスタッフに暴力を振るうといったことも起きました。

さらに、大量の投薬の影響によって、夜間の失禁が続くようになったことで、島野さんは施設のことを、まったく信用できなくなり、このままでは危ないと自宅にご主人を引き取ることにします。

島野さん自身も、要介護認定の要支援を受け、私たちの施設でリハビリに努めておられました。

そのような状況下で、「要介護5」に該当するご主人を自宅で介護しようと決心したのです。

今後さらに増える「老老老介護」への備えは十分ではない

島野さんのご主人は寝たきりではあるものの、一言、二言ぐらいは言葉が交わせました。

意思の疎通は図れたのです。

車いすに移る際にリフトが必要な、いわゆる「全介助」の状態ながら、薬の量や種類を調整すると夜間の失禁もいくらか減り、精神的にも随分と落ち着いてこられました。

当初、島野さん自身や周囲の私たちが想像していたよりも、ご主人の介護の負担は軽くて済んだのです。

ところが、そうして島野さんがご主人の介護をする生活が2年も続いたころ、また新たな問題が発生します。

今度は、離れた場所で暮らしていた92歳のお母さんの物忘れがひどくなってきたのです。

そのまま1人にしておくわけにもいかず、島野さんはお母さんも都内に呼び寄せました。

高齢者3人が同居する「老老老介護」生活が始まったのです。

島野さんのお母さんは、日常生活は一通りこなせます。

ただ、話を覚えていなかったり、そのために島野さんとの約束を忘れたりすることがありました。

ご主人と違い、お母さんのほうは身体には問題がなく自由に行動できるため、かえって島野さんは大きなストレスを感じるようになりました。


そうはいっても、お母さんまで寝たきりになったら、大変です。

島野さんは、お母さんと連れだって私たちの施設を訪れ、2人でリハビリに励んでいます。

島野さんのケースのような老老介護、あるいは「老老老介護」は、少子高齢化・晩婚化が進み、未婚率も上昇している現代の日本では、これからますます増えていくでしょう。


課題1．島野さんは、なぜご主人を自宅に引き取らなければならなかったのでしょうか。

島野さんのご主人が老健で骨折し、何の報告もなく不審を感じて引き取らざるをえなかったことなどは、介護保険施設の現状を物語っています。

そして、それは必ずしも個別の老健の問題とはいえず、**介護職員への教育、地位や報酬、施設の人員配置の問題までをも含んだ介護制度の不備と運用が、その背景にはある**のです。


課題2．お母さんに認知症の初期症状が現れ始めたことで、島野さんはかなりのストレスを抱えていますが、そうした介護者の精神的負担を減らす体制は整えられているのでしょうか。

介護者の心のケアまで行き届く体制が整えられ、周知されていたら、島野さんはもっと心穏やかに過ごせているはずです。

このような課題に対し、現在はケアマネジャーや各担当事務所とで話し合い、サービス提供による介護ストレスの軽減を図り、3人の生活を支援しています。

6割ぐらいが老老介護といわれる中で、**5年間で、50件ほどの殺人未遂を含めた事件が起きています**。

もちろん殺人事件のすべてが老老介護のせいだとはいいませんが、弱り切った身体での介護の精神的、肉体的なストレスはかなりのものがあります。

追い詰められ、未来に希望が見い出せずに、「死」という極端な結論にたどり着いてしまうこともあるのではないでしょうか。

やはり、1人だと、そこでしんどくなってしまいます。

だからこそ、**適切な介護者に任せるということが大切であり、そのための体制を早急にとらなければならないのではない**でしょうか。

「親の面倒は子どもが見る」の呪縛に縛られるな

そもそも面倒を見てくれる子どもの数が足りない

老いた親の面倒は子どもが見るのが当たり前。

つまり、「介護は家族がするものだ」という考えが、日本ではいまだに強く残っています。

しかし、いうまでもなく、親子とはいえ、別人格です。

子どもが独立すれば、それぞれの価値観に従って生き、別々の人生を歩んでいきます。

そもそも、家族に介護されることを望んでいる人がどれほどいるのでしょうか。

一般的に、女性のほうが、男性よりも長生きです。

そうなると、妻が夫の、子どもが親の介護をするケースが多くなります。

あなたが男性なら、寝たきりになったとき、奥さまにおむつの交換をしてほしいですか？

子どもに排泄の世話を望みますか？

そうした希望を持っている人は、おそらく少数派でしょう。

介護される人の尊厳を守り、介護する家族の負担を減らすためには、むしろ介護のプロに委ねるほうが、介護する人、される人のどちらにとっても、余計な気苦労を抱えずに済むはずです。


また、別の観点からも、「親の面倒を子どもが見る」のは、現在、そして将来の日本の実情に合っていません。

なぜなら、少子高齢化が進む日本では、親の数ほどには、子どもがいないのです。

しかも、離婚率、未婚率がともに上昇しているために、子どもを持たない人もどんどん増えています。

子どもどころか、家族・親戚が介護することも、現実的に不可能になりつつあるのです。

こうした現状もふまえて、２０００年以降、介護保険サービスが整備されてきたのですから、親を持つ子どもであっても、それを利用することをためらう必要はありません。

ただし、これまでお話ししてきたとおり、日本の介護保険サービスは縦割りで、連携がとれておらず、まだまだ発展途上です。

うまく使いこなすことができれば相応のメリットが得られますが、そうでない場合には効果的なサポートにつながらないケースもあるのです。

「親の面倒は子どもが見る」という呪縛に縛られず、介護のプロを活用するためにも、情報を集めておくことが大切なのです。

介護される人の生活も介護する人の生活も
どっちも大事です

利用者の身体機能だけでなく、その家族の生活も含めて回復を

介護をしている間は、介護される人、する人のどちらの生活、人生により重点を置くべきでしょうか？

どっちつかずの答えに聞こえるかもしれませんが、どちらの生活、人生も大切にすべきです。

私たちの施設では、1人ひとりのご利用者さまに関して、スタッフが集まり、カンファレンス（会議・話し合い）を行っています。

ご利用者さまの情報をできるだけ収集したうえで、それをもとに評価し、リハビリの方針を立てていくのです。

もちろん、書類を見て、そこに記載された情報だけですべてを判断するわけではありません。

必ずご利用者さまのもとへも足を運びます。


私たちの主な役割は、生活期のリハビリを提供して、ご利用者さまの身体の機能の維持・向上を図ることです。

しかし、実をいえば、それだけにとどまるものではないと考えています。

身体の機能を維持・向上させることはもちろん、ご利用者さまの抱えている問題をトータルで解決することこそが、私たちの本来の仕事なのです。

歩くことができるようになっても、歩いて買い物に行けるようにならなければ、リハビリの意味がありません。

それと同様に、ご利用者さまの身体の機能が回復しても、そのご家族も含む生活までが回復しなければ、私たちの仕事の価値は半減してしまいます。

つまり、ご利用者さまだけでなく、ご利用者さまを支えるご家族についても、私たちは目を向けていくべきなのです。

都市部では核家族化が進んでおり、介護の形態も老老介護が大半を占めています。

そうした場合、ご主人がリハビリに通って、身体機能が回復してきたとしても、時間がたつにつれ、今度は奥さまの身体機能が衰えていく可能性があります。

せっかくご主人が元気になったところで、奥さまが入院することになったら、ご主人は1人で暮らすことができないために、介護保険施設へ入所せざるをえなくなるかもしれません。

入所先では質・量が十分なリハビリは受けられず、回復しつつあったご主人の身体機能はまた急激に衰えていくでしょう。

それでは、リハビリが何の意味も持たなくなってしまいます。

ご利用者さまをご家族ごと、世帯ごとケアすべき理由の一端が、こんなことからもおわかりいただけるのではないでしょうか。

介護される人だけでなく、介護する人も見守られるべき

ご利用者さまのご家族に目を向けなければならないのは、何も老老介護のケースに限りません。

高齢でなくても、介護を1人で抱え込んでしまっていると、肉体的にも精神的にも大きな負担がかかるものです。

特に精神的な負担については、年齢に関係なく、誰でもなかなか軽減する方法を見いだせないものです。

介護する人は、肉体的、精神的な負担を感じたら、まずはケアマネジャーに相談してみてください。

ケアプランは何度でも変更できますから、場合によっては、介護される人、する人の双方を考慮したケアプランに作成し直してもらってもよいでしょう。

ケアマネジャーとウマが合わなければ、病院の主治医でも、デイサービスのスタッフでも、自分が信頼を寄せる人に相談することもできます。

介護する人には、1人で抱え込まず、医療や介護にかかわる人々と積極的にコミュニケーションをとることを強くおすすめします。

そうすることで、介護される人ばかりでなく、介護する人も、多くの目で見守ってもらえるようになるのです。

介護する人がいなくなれば、介護される人は心身ともに安らかには過ごせません。

そして、介護する人の生活、人生も、介護される人のそれと同じように価値あるものであることを忘れないでください。

これからは医療と介護の連携は不可欠！

医療と介護の垣根を越えたとき、幸せな長寿国家が訪れる

「人生100年時代」といわれ、長寿が当たり前となった中で、幸せに人生を謳歌できる高齢者を増やすためには、どうすればいいのか。

その基準で、現在私たちは活動していますし、それこそが介護の本来の目的であると思っています。

そのためには、我々のような、**身体機能維持・改善のプロフェッショナルであるセラピストを抱えた介護保険事業者と、かかりつけの医師が協力することが欠かせません。**

厚生労働省は「地域包括ケア」の浸透を最近図っていますが、地域包括ケアとは

「医療や介護が必要な状態になっても、可能な限り、住み慣れた地域でその有する能力に応じ自立した生活を続けることができるよう、医療・介護・予防・住まい・生活支援が包括的に確保される」という考え方です。

要するに、病院で手厚くみるのではなく、可能な限り、在宅で面倒を見てくださいということです。

国としては、医療費をなるべく減らしたいという意図があります。

この考え自体は特に悪いことではないのですが、問題は、高齢者が健康的に暮らすための体制が地域に整っていないということです。

高齢者の健康を維持することは、これまで述べてきたように、病気、疾患を治す医師の力だけでも、身体機能を維持するための私たちのようなデイサービス、デイケアの力だけでも実現できません。

それぞれの専門職がそれぞれの専門的な知見から意見を出して、1人の高齢者を見守っていく必要があるのです。

リタポンテでは、リハビリを行うにあたり、定期的に身体機能の確認をしていますが、患者（ご利用者）さまがどういう状態か知っているほうが、知らないよりも医師は治療しやすいはずです。

逆に、こういう治療をしているとか、この疾患はいつ治るとかがわかっていれば、リハビリもより行いやすくなります。

しかし、前にも述べましたが、このような情報を介護の現場でかかりつけ医師と共有できているケースはまれなのが現状です。

その人が**健康的にできるだけ不自由なく幸せな生活を送ることを支援するという目的は、医療も介護も同じ**はずです。

目的を果たすために、介護側も医師に遠慮することなく知っている情報を提供し、医師からも情報が得られる。それほど難しいことではありません。単純に持っている情報をお互いに伝えればいいのですから。

そのような体制を構築するにはどうすればいいのか、これから私たちも考え、取り組んでいけたらと思っています。

介護の充実はＳＤＧｓの1つの目標である

老若男女すべての人たちの介護リテラシーを上げる

最近ＳＤＧｓという言葉がよく聞かれるようになりました。

簡単に説明すると、人類が永続的に地球で暮らしていくために、２０３０年までに達成しなければならない17の目標を定めたもので、国連サミットで２０１５年に採択されました。

その目標の1つに「すべての人に健康と福祉を」という項目があるように、介護は、人類が永続的に地球で暮らしていくために欠かせないものです。

つまり、**介護を充実させることは、ＳＤＧｓの取り組みの１つ**であるといえます。

介護制度を充実させようという文脈で語られるとき、高齢者だけの施策と思われがちですが、まったくもってそんなことはありません。

今、いくら若かろうが、永続的に続いていく社会において、誰しもが遅かれ早かれ関係することなのです。

繰り返しになりますが、人生のエンディングを決定づける重要な支援が介護です。

また、年をとったら悲惨な状況しか待っていない世の中で、高齢者の誰もがつらそうな顔をしている世の中で、若い人たちは、未来へ向かって安心して進めるでしょうか。

社会に対して、希望を見いだせるでしょうか。

年をとっても人生を謳歌している人が周りにたくさんいる。

そのための仕組がきちんと整っていて、どうすればいいかを誰もがわかっている。

そういう世の中をつくることは、若い人の「今」に必ず良い影響を与えられるはずです。

だからこそ、**介護の問題は子どもから高齢者まですべての人間で考えなければならない**と、私は考えます。

考えるためには、情報や知識が必要です。

介護が必要な人だけでなく、すべての人の介護や医療の情報リテラシーを上げる必要があるのではないでしょうか。

介護に携わっている人間が、小学校や中学校などに出前授業に行くという方法もあるでしょうし、情報発信をさまざまな媒体でしていくという方法もあるかもしれません。

老若男女が介護や医療についての情報や知識を持つ世の中をつくることが大切であり、私たちがこれから取り組まなければならない大きな課題だと感じています。

第6章

特別対談

医療の現場と介護の現場から語るこれからの高齢者への支援とは

北原雅樹（きたはら・まさき）氏

ペインクリニック専門医　麻酔科指導医
横浜市立大学附属市民総合医療センター ペインクリニック内科診療部長。
1987年東京大学医学部卒業。1991～96年、世界で初めて設立された痛み治療センター、ワシントン州立ワシントン大学ペインセンターに留学。帰国後、さまざまな病院で経験を積み、2017年4月から横浜市立大学附属市民総合医療センター。2018年4月現職。専門は難治性慢性疼痛の治療。公認心理師の資格を持つ。

利用者の声が医療と介護の質を高める

患者、利用者の医療リテラシーを上げていくことが重要に

北原：リタポンテさんでは、具体的にどんなことに取り組まれているのですか？

神戸：本来であれば、デイケア（通所リハビリテーション）、介護老人保健施設（老健）で行われるべき生活期のリハビリを、デイサービスのなかで提供しています。

というのも、**現在のデイケアや老健では、医師や理学療法士（PT）がいるにもかかわらず、生活期のリハビリよりも、食事、トイレ、入浴などのサービスを提供することに重きが置かれている**からです。

デイケアや老健のほうが、むしろデイサービス化してしまっているといえるかもし

れません。
そこで、私たちは、医療との連携も目指しながら、ご利用者さまが「しているADL」（日常生活を実行している状況）を再獲得し、QOLの向上につなげるお手伝いをしたいと考えています。

北原：なるほど。介護といえば、今日、私のところに来た患者さんに「介護保険を使ってください」とお伝えしたところ、「私、介護の必要はありませんが」と答えるんです。「介護保険を使って、リハビリテーションをするんですよ」と説明すると、「そんなことができるんですか？」と驚いていました。
特に65歳以上の高齢者に関しては、基本的に介護保険を使ってリハビリテーションをするのだということを、患者さんは知らないんですね。

神戸：私たちも、「介護保険のほかに、料金をいくら支払えば、リハビリが受けられるんですか？」と、ご利用者さまから聞かれることがあります。

もちろん、介護保険料負担割合分以外に、料金はかからないわけですが……。

北原：介護保険やリハビリテーションのことを理解されていない方が、まだまだ少なくありませんね。

そもそも、**介護について、第三者にケアしてもらうばかりで、自立するという発想がない**ことにも、たいへん驚かされます。

神戸：それは、介護する側も、よくありませんよね。

病院や介護保険施設の人たちが、ケガ、転倒などを恐れるあまり、自立するための機能を結果的に奪ってしまっていることがあります。

北原：そうですね。だから、「寝たきりは寝かせきり」なんだと。実際、日本では、寝たきりのケースが本当に多いですよね。

北欧などでは、寝たきりはほとんどありません。

寝たきりにさせておいて、それを大勢の看護師や看護助手でお世話をするなんて、まったくばかばかしい話です。

そうなる前に、医療や介護には果たすべき役割があるはずです。

神戸：ご本人ばかりでなく、支えているご家族の医療リテラシーをどれだけ上げられるかが、重要なテーマだと考えています。

それが、後悔しない介護、人生につながっていくのではないでしょうか。

北原：私が取り組んでいるのも、まさにそれです。

私は、横浜市立大学附属市民総合医療センターのペインクリニック内科で、慢性や急性の痛みの原因を明らかにし、最適な治療プランを作成・実施しながら、痛みを治療しています。

同時に、1人でも多くの方が痛みに関してのリテラシーを上げられるよう、さまざまな活動を行っているのです。

患者ともっとしっかり向き合うことが、医師には求められている

北原：その中で「痛みがある＝鎮痛薬を使うことではないよ」という話をしています。なぜ痛むのか、その理由を考えなければいけません。

昔は、年をとったら、歯が抜けて、腰が曲がるのは、当たり前のことだといわれていました。

でも、今は違いますよね？　歯が抜けるのは歯周病だから、腰が曲がるのは骨粗《こつそ》鬆症《しょうしょう》だからと、考えるわけです。

痛みについても同様で、年をとったからではなく、多くの場合には何らかの理由があるのです。

上村：ご利用者さまがリハビリに取り組む際、痛みが障がいになることが少なくありません。

痛みがあると、ご利用者さまは、身体を動かすことに対して、不安を抱いたり、避けたりするようになります。

身体を動かさないデメリットのほうが大きいということに、ご利用者さまは気づいていらっしゃらないんです。

それで、ご利用者さまとお話しして、痛みの内容を分析したうえで、その痛みとどう付き合っていくのかをアドバイスしながら、できるだけ身体を動かすようにしていただいています。

ところが、**一般的な町の開業医は、そういった慢性痛に関して、「痛いのは、仕方がないよ」としか言わない**んです。


北原：町の開業医のほとんどが、急性痛と慢性痛の違いを理解していません。

たとえば、慢性痛の患者さんにロキソニン（消炎鎮痛剤）を処方する医師がいます。

皆さん、誤解されているかもしれませんが、ロキソニンはそもそも鎮痛薬ではなく、抗炎症薬です。

そして、ほとんどの慢性痛には炎症がありません。

つまり、慢性痛の患者さんにロキソニンを投薬しても、意味がないのです。

この一事だけでも、**多くの医師が急性痛と慢性痛の違いを理解していない**ことがおわかりいただけるのではないでしょうか。

上村：ロキソニンなどの薬を出されている間は、運動を控えなければならないと考えるご利用者さまがたくさんいます。
私たちとしては、薬を飲みながらでも、運動を続けてほしいのですが……。

北原：医師たちは、患者さんともっとしっかり向き合う必要があります。

私自身はあまり好きな言葉ではありませんが、より「全人的」な治療が求められているのです。

患者さんは、常に患者でいるわけではありません。社会の中で生きる、1人の人間です。

その社会生活の中での立ち位置まで考慮し、治療に臨むべきなのです。

私が勧めるペインクリニック内科には、慢性痛を治療するための入院施設はありません。

それは、**入院することが「百害あって一利なし」**だと、考えているからです。

入院して上げ膳据え膳の生活を送っていれば、身体は衰えていくばかりでしょう。できるだけ早急に家に戻り、社会の中で暮らしてこそ、ＡＤＬを維持することができます。

仮に老老介護の状況だとしても、安易に入院をすすめず、在宅で利用可能なサービスを提案するようにしてほしいですね。

神戸：私たちの現場でも、在宅でかかりつけ医がいるご利用者さまは、ほとんどいらっしゃいません。

結局、整形外科、内科、神経内科などと、バラバラの医師の診療を受け、それぞれの内容が情報共有されないまま、終わってしまっています。

患者、利用者の希望に沿えないケアマネは変えたほうがいい

神戸：私たちは、それらの情報をすべて集めて、ＰＴ、ＳＴ（言語聴覚士）、看護師などで総合評価をしたいと考えているんです。

そして、医師たちにその総合評価を積極的に伝えていこうと。

北原：うちのペインクリニック内科でも、まさに総合評価を実践しています。初診の際には、かかっている医師のすべての紹介状、おくすり手帳を患者さんに持ってきてもらうんです。

おくすり手帳を見れば、重複している薬、必要のない薬をすぐに洗い出すことができます。

そこであらためて実感するのは、**患者さんも医師を選ばなければいけない**ということ。それを患者さんに伝えると、皆さん、「お医者さんに、文句なんて言えません」

とおっしゃいます。

文句を言う必要はありません。

ただ、その医師のもとを去って、もっと信頼できる医師を訪ねればよいのです。

神戸：私たちも、**「ケアマネはどんどん変えていいんだ」**と言っています。

北原：おっしゃるとおりです。

「あなたの希望に沿えないケアマネなら、手伝ってもらうのをやめておきなさい」と、私もアドバイスをしています。

デイケアに関しても、ただ人を集めて、体操もどきをしているような施設には足を運ぶべきではありません。そんな施設しか紹介できないケアマネなら、本当に変えたほうがいい。当たり前の権利として、そういうことをきちんと主張すべきなんです。

神戸：介護される側にもケアマネ自身にも「介護＝福祉」ととらえる人がいまだに多

く、**介護してもらっていると感じているせいか、ケアマネを変えようという発想もなかなか生まれません**。

北原：ケアマネを変えることをためらうのであれば、医師を変えるのはもっと難しく感じるかもしれませんね。

医療の世界はヒエラルキーが極端で、医師が全権を持っています。しかも、その**全権を持っている医師が、必ずしも常識を備えた人格者とは限らない**わけです。

意見をされただけで露骨に不快感を示す医師もいますから、ほかの医療従事者にしても、患者さんにしても、おとなしく従っておこうと考えてしまいがちです。

医者はそんなに偉いのかという話になりますが（苦笑）。

自分の健康は自分自身で責任を負うしかないのだと自覚を持つべき

北原：それでも、やはり、医療消費者の皆さんは、「どうしてこの薬を出すんですか？

この薬には、どういう意味があるんですか？」と、医師に問うべきです。

医師も患者さんも同じ人間で、それぞれが人権を持っているんですから、声を上げなければいけません。

そうすることによって、患者さんときちんと向き合わない医師は、自然と淘汰されていくはずです。

さらに、医師の報酬を出来高制ではなく、むしろ来る回数が少ないほどコストパフォーマンスが上がるようなシステムを構築できれば、医療の質が高まり、予防などにももっと力を注げるようになるのではないでしょうか。

神戸：北原先生のような医師の方々にそうおっしゃっていただくことで、患者さんたちも声を上げやすくなるかもしれませんね。
患者さんたちが病院に通いづめにならないような環境づくりを、私たちも望んでいます。

北原：それと同時に、医療消費者の皆さんにも、自分の健康は自分自身が責任を負うのだという自覚を持ってほしいのです。

健康は、誰かが与えてくれるものではありません。

50歳で亡くなっていた昔と違って、今は100歳まで生きる可能性があるわけですから、節制も求められます。しかし、それを言ってあげる人がいない。

「お酒って、身体に毒なんですね」と、言われたことがあります。

「ダメですよ。毒ですよ」と。

「運動って、しなきゃいけないんですね」と、言われたこともあります。

節制をしようにもそもそも、そのための情報を十分に持っていない人も多いのです。

最近、たいへん驚くことがありました。

膀胱脱《ぼうこうだつ》（膀胱が膣から出てくる症状）の手術で麻酔をかける際に、「膀胱脱は、骨《こつ》盤底筋《ばんていきん》（骨盤の底の空洞《くうどう》部分を埋め、膀胱、尿道、子宮、前立腺、直腸などの臓器を下から支える筋肉）が緩んでいるから、起こるんだ。その最初の前兆が、くしゃみをすると尿漏れすることだよ」と、25歳の医学生に説明したところ、彼女が「くしゃみをしても、尿漏れしないんですか？　私も、周囲の友だちも、みんな、尿漏れします」と言うんです。

おそらく、勉強ばかりしてきて、全然運動をしてこなかったのでしょう。

そのために、まだ**20代の若さにもかかわらず、骨盤底筋が緩んで、自分でもそれに気がついていなかった**のです。

1カ月後に彼女に会ったときには、「一生懸命運動したら、最近は、くしゃみをしても、漏れなくなりました」と言っていましたが（苦笑）。

上村：尿漏れパッドのテレビCMが目立っているのは、高齢の方が増えているからなのかと思っていましたが、今のお話を聞くと、若い女性の運動不足もその一因かもしれませんね。

北原：また、今の若い子たちは、やせたいと思っても、運動をしません。

たとえば、アイドルの身体が細いのは、踊ったり跳ねたりして、十分な運動量があるからです。

ところが、一般の子たちは、アイドルの外見だけをまねてしまいます。

だから、やせているだけで、筋力がありません。

運動しながら食事をきちんととって、健康的にやせないから、その後、太れば、皮膚や脂肪が下垂し、ボディラインをきれいに保つのも難しいでしょう。

さらに、そういう子たちが50代、60代、70代になれば、骨粗鬆症や子宮脱（子宮が膣から出てくる症状）に悩まされることになります。

上村：多くの人がそうした知識、情報を得て、早い段階からしっかりケアしていかないと、これから先、大変な状況が生まれそうです。

健康寿命を延ばすための正しい知識、情報を得て、行動に移すことが重要

神戸：今、お話しいただいた筋肉の話もそうですが、多くの人が健康寿命を延ばすた

めの正しい知識と情報を得て、それを行動に移していくことが、本当に重要だと考えています。

少なくとも、40代、50代の方々には、自分ごとととらえて、今すぐにでも実践していただきたいのです。

健康にしても、介護にしても、他人ごとではありません。

自分自身、自分の妻、自分の親の問題です。

介護に関しては、まずは親の問題として直面することになります。

北原：そう、自分たちのこととして、想像力を働かせなければいけません。

寿命はそのままで健康寿命だけが短くなったら、残り数十年をどのように過ごすことになるのか。

私は、不摂生をしている人には、「30年間、寝たきりになるよ」と言うんです。

さらに、「しかも、**今の医学は進んでいるから、簡単には死なせてくれないよ**」と。

ぼんやりした頭で褥瘡《じょくそう》の痛みに耐えながら、おむつをつけられてベッドの上で過ごす……。その姿を他人ごとだと思っているから、たばこを吸いすぎ、お酒を飲みすぎるのでしょう。

生活に規律、節制が、なぜ必要なのか。

それを学ぶのは、義務教育のうちからでも、早すぎることはありません。

神戸：何のために生き、何のために働き、何のためにお金を稼ぐのかという、価値観にもつながってきます。

日本人は、一般的に、そこのところがあいまいです。

北原：結局のところ、それは生き方の問題であり、同時に死に方の問題であるともいえます。

人間は、事故に遭ったりしなければ、ある程度までは死に方を決められます。

最期まで**健康に過ごして死ぬのか、それとも不健康でグダグダになって死んでいくのか、どちらを選んでも自分自身の責任**です。

もちろん、なかには、ピンピンコロリで大往生を遂げる人もいます。

しかし、そうでない人のほうが圧倒的に多いのですから、当然、そのリスクに備えなければいけません。

上村：リスクに備える、つまり健康寿命を延ばして、寝たきりを予防する意味からも、リハビリテーションの重要性をあらためて実感します。

理学療法士なら、医療的な視点を持ってサポートできる

上村：教育の内容からしても、就職先にしても、理学療法士の活動の場は、どうしても病院が中心になりがちです。

しかし、地域でも、理学療法士ならではの専門性は大いに活かせると考えています。

北原：スポーツクラブのトレーナーと、ＰＴ、ＯＴなどのリハビリテーション専門職

との区別がついていない人がたくさんいるから、困ってしまいますよね。

私は、「片方はただの人、もう片方は国家資格」と説明しているんですが（笑）。

上村：（笑）。国家資格を取得し、医療的な視点を持っている者が、人々をサポートすることが、高齢化と人口減がさらに進む今後は、ますます重要になってくるのではないでしょうか。

なぜなら、**病院ではなく、地域で活動することによって、寝たきりはもちろん、病気やケガの予防にもつなげられる**からです。

そうした大切な役割を担えるのが、私たち、理学療法士でありたいと思っています。皆さんをサポートし、より良いサービスを提供するためにも、医療と介護の垣根を越えて、緊密な連携がとれる体制づくりにも努めていきたいですね。

神戸：社会制度を最大限に活用し、最期まで人間らしい生活を送るうえでは、何よりも、正しい知識、情報を得ておくことが大切です。

介護やリハビリテーションもまた、正しい知識、情報を得るための手段であり、そのための支援の1つでなければならないと、私たちは考えています。

こうした考えをスタッフともしっかり共有しながら、今後も活動を続けていくつもりです。

北原：通所で質の高いリハビリテーションを提供しているところは、数カ所に1カ所程度しかありません。

リタポンテさんのような施設がもっと増えることを期待しています。

よろしければ、私たちのペインクリニック内科にも一度見学にいらっしゃってください。

神戸：ぜひ、よろしくお願いします。

おわりに

「介護には答えがない」とよく言われています。

確かに、この言葉のように、人それぞれの人生観があり、生活環境があり、身体状況も異なるので、誰にでもあてはまる数学の公式のようなものはありません。

しかし、明確な答えがないといって行き当たりばったりでいいかといえば違います。

答えがないからこそ、介護に関する知識や情報を得て、その人の状況にあった、最善の選択肢をたくさんもっていることが必要なのです。

介護のいろいろな選択肢を伝えたい、それもできるだけ介護を受ける人の人生最後がよりよいものになる選択肢を伝えたいという思いが、今回本書を執筆した理由の1つです。

もう1つは、理学療法士（ＰＴ）として、身体機能の衰えを予防することの大切さを伝えたかったからです。

できるだけ、早い段階から自身の身体のことを知り、しっかりとした機能訓練をして、身体が衰えていくのを予防すれば、それだけ人生を楽しく過ごせるのは間違いありません。

そして、65歳以上になったら、誰でも支援が受けられるのです。

介護支援を受けるなんて恥ずかしい、情けないという思いは、一般的に根強くあるようですが、むしろ、**いち早く介護支援を受けることは、自分の人生をよりよいものにする自己研鑽《じこけんさん》の1つ**です。

カルチャースクールに通ったり、趣味に打ち込んだりするのと変わりありません。

この本を読んで、地域包括支援センターに行ってみようとか介護支援を受けてみようと思う方が少しでもいらっしゃったら、これほどうれしいことはありません。

最後まで読んでいただきありがとうございました。

理学療法士　上村理絵

道路を渡れない老人たち
リハビリ難民200万人を見捨てる日本。「寝たきり老人」はこうしてつくられる

発行日　2021年9月14日　第1刷

著者　神戸 利文
　　　上村 理絵

本書プロジェクトチーム
編集統括　柿内尚文
編集担当　中村悟志
デザイン　鈴木大輔、江﨑輝海（ソウルデザイン）
編集協力　村次龍志（株式会社アジト）
協力　北原雅樹（横浜市立大学附属市民総合医療センター ペインクリニック内科）、高橋誠
イラスト　石玉サコ
DTP　ユニオンワークス
校正　文字工房燦光
カバー写真　©BLOOM image /amanaimages

営業統括　丸山敏生
営業推進　増尾友裕、綱脇愛、大原桂子、桐山敦子、矢部愛、寺内未来子
販売促進　池田孝一郎、石井耕平、熊切絵理、菊山清佳、吉村寿美子、矢橋寛子、遠藤真知子、森田真紀、高垣知子、氏家和佳子
プロモーション　山田美恵、藤野茉友、林屋成一郎
講演・マネジメント事業　斎藤和佳、志水公美

編集　小林英史、舘瑞恵、栗田亘、村上芳子、大住兼正、菊地貴広
メディア開発　池田剛、中山景、長野太介、多湖元毅
管理部　八木宏之、早坂裕子、生越こずえ、名児耶美咲、金井昭彦
マネジメント　坂下毅
発行人　高橋克佳

発行所　株式会社アスコム

〒105-0003
東京都港区西新橋2-23-1　3東洋海事ビル
編集部　TEL：03-5425-6627
営業局　TEL：03-5425-6626　FAX：03-5425-6770

印刷・製本　株式会社光邦

Printed in Japan ISBN 978-4-7762-1126-6